Max Josef Höfner

Die Mark auf dem Nordgau und die Nordgau'schen Markgrafen

Max Josef Höfner

Die Mark auf dem Nordgau und die Nordgau'schen Markgrafen

ISBN/EAN: 9783743606494

Hergestellt in Europa, USA, Kanada, Australien, Japan

Cover: Foto ©ninafisch / pixelio.de

Manufactured and distributed by brebook publishing software (www.brebook.com)

Max Josef Höfner

Die Mark auf dem Nordgau und die Nordgau'schen Markgrafen

Die

Mark auf dem Nordgau

und die

Nordgau'schen Markgrafen.

Inaugural-Dissertation

von

Dr. Max Joseph Höfner.

Würzburg.
Druck von Friedrich Ernst Thein.
1863.

1. Die Gründung der sorbisch-böhmischen Mark.

Mit der Bezwingung des thüringischen Reiches und der Einfügung desselben in den Verband des fränkischen wurden die Franken unmittelbare Nachbarn der sorbischen und czechischen Slaven, von denen die ersteren das Land zwischen der Saale und Elbe sich unterworfen hatten. Der Stamm der Czechen hatte das böhmische Land eingenommen, und über den Böhmerwald herüber erstreckten sich slavische Niederlassungen bis in die Main= und Rednitzgegenden.

Im Anfange überließen es die fränkischen Könige den einzelnen mit den Slaven benachbarten deutschen Völkerschaften, den Baiern und Thüringern, der slavischen Stämme sich zu erwehren und die Gränzen des Reiches gegen das weitere Vorbringen derselben zu schützen. Erst Chlotar II., der die ganze fränkische Monarchie in seiner Hand vereinigte, concentrirte die zersplitterten Kräfte Austrasiens zur gemeinsamen Vertheidigung gegen die immer gefahrbrohendere Bewegung der östlichen Nachbarn, indem er seinen Sohn Dagobert als König über Austrasien setzte.

Denn bereits hatten die Stämme der Slaven, die längere Zeit die Herrschaft der Avaren über sich hatten anerkennen müssen, von den deutschen Völkerschaften nicht beunruhigt, in glücklichen Kriegen gegen die Avaren das Joch derselben abgeschüttelt und unter ihrem Führer Samo ein eigenes mächtiges Reich gegründet, dessen Hauptland Böhmen war, und das sich von hier aus südlich bis zu den steirischen Alpen, östlich bis an die Karpathen, nördlich bis an die Havel und Spree erstreckte. Die Sorben gehörten nicht zu diesem großen Slavenreiche, sie erkannten vielmehr die Oberhoheit der fränkischen Könige über sich an. Seitdem aber in dreitägigem Kampfe bei Wogastisburg [1]) die austrasischen Waffen den Böhmen unterlegen waren, waren die deutschen Länder, besonders aber Thüringen, häufigen Einfällen der Slaven ausgesetzt. Eine weitere Folge dieser unglücklichen Schlacht war, daß Dervanus, der Häuptling der Sorben, der bis dahin die Hoheit der fränkischen Könige über sich anerkannt hatte, dem großen Slavenreiche Samo's sich anschloß.

Mit Mühe nur und lässig wurde die Vertheidigung der Gränzen von den Thüringern im Bunde mit den Sachsen betrieben. Erst als im Jahre 633 Dagobert seinen Sohn Sigebert als König über Austrasien setzte, erhielt der Kampf gegen die Slaven wieder eine günstige Wendung. Von noch größerer Bedeutung aber war es, daß in jenen Gegenden, die den Angriffen der Slaven am meisten ausgesetzt waren, ein fast ganz selbstständiges Herzogthum sich bildete, das bei der bald darauf erfolgenden Schwäche der merovingischen Könige die Gränzvertheidigung mit Erfolg zu handhaben im Stande war. Gerade im Kampfe gegen die Slaven war das Herzogthum Thüringen entstanden.

Und wahrlich mit kräftiger Hand müssen die thüringischen Herzöge, die ihren Sitz später in Wirzburg hatten, die

---

[1]) Mascov: Voitsburg in Steiermark, Palacky: Togastisburg.

benachbarten flavischen Stämme im Zaume gehalten haben: gewiß ist, daß die Sorben die Hoheit der fränkischen Könige, bald nachdem sie sich derselben entzogen hatten, wieder anerkannten.

Vollständige Ruhe scheint seit dieser Zeit in den Gegenden an der Saale und am Böhmerwald hin geherrscht zu haben: nirgends berichten uns die Denkmäler jener Zeit über Kämpfe der Thüringer mit den Sorben und Böhmen ¹).

Erst im Jahre 805 wurde das ruhige Verhältniß zwischen dem fränkischen Reiche und Böhmen unterbrochen. In diesem Jahre schickte Karl der Große, um die Böhmen in dasselbe Verhältniß zum fränkischen Reiche zu bringen, in welchem die Sorben sich befanden und die Gränzen des Reiches im Osten zu sichern, seinen Sohn Karl nach Böhmen ²). In drei großen Massen rückte der fränkische Heer-

---

¹) Nur zur Zeit der Sachsenkriege i. J. 782 machten die Sorben einen vergeblichen Versuch, das fränkische Joch abzuschütteln. Einh. ann. z. J. 782.

²) Einh. ann. z. J. 805; Pertz I, 193: Et inde post nonnullos dies Aquas grani veniens, Karlum filium suum in terram Sclavorum, qui dicuntur Sorabi, et sedent super Albim fluvium cum exercitu misit, in qua expeditione Miliduoch Sclavorum dux interfectus est, duoque castella ab exercitu aedificata, unum super ripam fluminis Salae, alterum juxta fluvium Albim. Das erstere ist Halle, das zweite Magdeburg. Vgl. hiezu das Chron. Moissiac. z. J. 805 bei Pertz I, 307: Anno 805 Karolus imperator misit filium suum Karolum regem cum exercitu magno ad Cichu-Windones, et alium exercitum cum Adulfo et Werinario i. e. cum Baioariis; tertium vero transmisit cum Saxonibus super Hwerenofelda et Demelchion. (Beides flavische Gaue.) Et ibi pagnaverunt contra regem eorum nomine Semela et vicerunt eum. Und ebendaselbst bei Pertz I, 308: Karolus imperator celebravit pascha ad Neumaga, et misit filium suum Karolum regem super Duringa ad locum qui vocatur Walada ibique habuit conventum magnum. Et inde misit scaras suas

bann baselbst ein und verwüstete, da nirgends der Feind im offenen Kampfe sich stellte, weit und breit das Land. Wir finden, daß slavische Stämme, die nördlich von Böhmen wohnten, bei diesem Kriegszuge Heeresfolge leisteten: das mögen wohl die Sorben gewesen sein. Im darauffolgenden Jahre sah sich der Kaiser durch den Abfall der Sorben genöthigt, seinen Sohn Karl gegen dieselben zu schicken. Die Sorben wurden neuerdings unterworfen, und das Gebiet der Böhmen, bei denen jene wohl Unterstützung gefunden hatten, verwüstet.

Mit diesen Ereignissen hängt die Gründung einer Mark zusammen, die bei den Annalisten mit dem Namen einer sorbischen Mark bezeichnet wird: „Limes Sorabicus" [1]) wird sie genannt, der Markgraf daselbst „Dux limitis Sorabici".

Mit derselben war aber auch die Gränzaufsicht gegen Böhmen verbunden, wie wir aus zwei Urkunden ersehen.

In einer Schenkungsurkunde des Markgrafen Takolf vom Jahre 859 wird derselbe geradezu comes de Boemia genannt. Ebenso in einer Urkunde vom Jahre 1012, in

---

ultra Albim; ipse vero movit exercitum suum ultra Sala super Hwerenaveldo. Et tunc fuit interfectus Melito, rex superbus, qui regnabat in Siurbis; et postea remeavit Albia; et vastavit regiones illas et civitates eorum destruxit. Et ceteri reges ipsorum venerunt ad eum et promiserunt se servituri domno et pio imperatori, tradideruntque obsides, sicut ille volebat. Et mandavit eis rex Karolus aedificare civitates duas, unam ad aquilonem partem Albiae contra Magadaburg, alteram vero in orientalem partem Sala, ad locum qui vocatur Halla.

[1]) Ann. Fuld. z. J. 849 und 873. Die Begründung dieser Mark wird in Einhard's Annalen z. J. 806 angedeutet.

welcher Heinrich II. dem Kloster Fulda die Schenkung jenes Takolf bestättigt ¹).

Ueber die Gränzen dieser sorbisch-böhmischen Mark finden wir nirgends bestimmte Nachrichten. Im Allgemeinen kann man sagen, daß sie sich an der Saale hinauf über das Fichtelgebirg ²), am obern Main die regio Slavorum in sich begreifend, in den Nordgau hineinerstreckte ³) — ein schmaler Strich Landes, dessen Gränzen nach Osten und Westen unbestimmt waren.

Diese sorbisch-böhmische Markgrafschaft war nicht eine bairische: sie sollte vielmehr Ostfranken, d. i. den südlichen Theil des ehemaligen thüringischen Reiches gegen die Sorben und Böhmen schützen.

Ohne allen Grund setzt Büdinger ⁴) die Gründung einer ostfränkischen Mark gegen Böhmen in die Zeit der Unterwerfung Tassilo's und sagt, es sei mit ihr die Verwaltung

---

¹) Dronke, cod. dipl. Fuld. Nro. 578: Notum sit omnibus Christi fidelibus, qualiter domnus Tacgolfus comes de Boemia audiens famam venerabilissimi loci fuldensis conventus.... obtulit Deo et sto. Bonifacio regionem suam quandam videlicet provinciolam sitam juxta Boeniam Saröwe nuncupatam, quae suae proprietatis et juris erat. Vgl. dazu Dronke, Nro. 720: Traditio Heinrici II. regis, unacum provincia Sarowe dicta et quadam villa sita in Thuringia Holzhus nuncupata, quae eis quidam comes de Boemenia nomine Thacolf in testamento contulit aput ipsos eligens sepulturam.

²) Desing, Teutsche Reichsgeschichte I, 737.

³) Giesebrecht nennt sie die Mark auf dem Nordgau. Geschichte d. teutsch. Kaiserzeit I, 140 im Widerspruche mit der von ihm früher ausgesprochenen Ansicht. Vgl. Ranke, Jahrbücher d. teutschen Reichs II, 1. Abth. 132 u. 135.

⁴) Büdinger, Oestreichische Gesch. I, 303 u. 304. Vgl. noch G. Waitz in den Forschungen zur deutschen Gesch. III, 1. Heft. 160.

des Nordgaus verbunden gewesen. Solche oftfränkische Markgrafen seien Gerold und Ernst gewesen. Gerold war aber vielmehr Gränzhüter der avarischen Mark[1], Ernst Führer des Heerbannes im nördlichen Baiern, im Nordgau. Weiter wird wohl die Bezeichnung „dux"[2] bei dem Grafen Ernst nicht auszudehnen sein. Er war wohl Gränzgraf im nördlichen Baiern, hatte aber kein eigentliches Markgebiet unter sich[3]. Die Gränzgrafen im Nordgau sind von den sorbisch-böhmischen Markgrafen wohl zu unterscheiden[4].

Eichhorn[5] läßt die ganze Strecke Landes, welche die Gränze gegen Böhmen, auch längs dem Böhmerwald, Mähren und die Slaven an der untern Donau bildete, in ein einziges Markgebiet zusammenfließen, dessen Markgrafen ihren Sitz in Regensburg hatten. Erst die Theilung des ostfränkischen Reiches unter Ludwigs des Deutschen Söhnen hat, wie Eichhorn dann weiter bemerkt, die Veranlassung gegeben, in Ostfranken einen neuen Amtssprengel zu errichten; denn in ihrem ganzen Umfang verwaltete die Mark noch Ernst. Diesen neu errichteten Amtssprengel habe das mächtige Geschlecht der Babenberger bis zum J. 906 besessen[6].

Außerdem erstreckte sich längs der Saale, welche Thüringen und das ursprüngliche Sorbenland schied, die thüringische Mark.

---

1) Einh. ann. z. J. 826.
2) Ann. Fuld. z. J. 849. Unter den „duces" verstehen die Quellen allgemein obere Befehlshaber im Kriege. Vgl. Waitz, deutsche Verfassungsgesch. III, 310.
3) G. Waitz, d. Verfassungsgesch. III, 317 mit Note 4.
4) Ann. Fuld. z. J. 849.
5) K. Fr. Eichhorn, Deutsche Staats- und Rechtsgeschichte I, § 135.
6) Eichhorn, D. St.- u. R.-Gesch. I, § 135 p. 522, Note dd.

Dagegen spricht, abgesehen von der allzugroßen Ausdehnung der Mark, der Umstand, daß wir zu gleicher Zeit bairische und ostfränkische Markgrafen finden; es kann somit die Theilung des ostfränkischen Reiches niemals die Veranlassung gegeben haben, in Ostfranken einen neuen Amtssprengel zu errichten.

Es soll nun nach Eichhorn außer diesen beiden Marken noch eine thüringische existirt haben. Wie aber ist es möglich, für jede der beiden Marken, für die thüringische und ostfränkische, die Markgrafen aufzuzählen? Freilich, wenn man Heinrich, den Vater der babenbergischen Brüder und diese selbst als nordgau'sche Markgrafen annimmt. Aber weder Heinrich, noch seine Söhne bekleideten je die nordgau'sche Markgrafenwürde.

Nur so werden wir die Sache uns zu erklären haben, daß die beiden von Eichhorn hier gesondert gedachten Marken, die thüringische und nordgau'sche nur ein Markgebiet gebildet, und daß sie niemals mit der bairischen Mark in Verbindung gestanden. Sie war, wie schon oben erwähnt, vom Anfange an eine ostfränkische Markgrafschaft, wenn sie sich auch in den Nordgau hineinerstreckte; denn der Nordgau war seit der Unterwerfung Taffilo's von Baiern getrennt und bildete einen Theil von Ostfranken. Es ist hiebei noch besonders der Umstand hervorzuheben, daß die Träger der nordgau'schen Markgrafenwürde in Urkunden als Grafen in Ostfranken erscheinen. Diese Markgrafen sind Takolf, Ratolf, Poppo, Konrad, Burkhard, Eberhard.

Noch weniger empfiehlt sich die Ansicht von Hirsch[1]), als hätten ursprünglich zwei Marken bestanden, eine böhmische zu Baiern gehörige und die sorbische. Aus dem nordwest-

---

[1]) Hirsch, Heinrich II, 14 u. ff.

lichen Theile der böhmischen und aus der Südhalbe der sorbischen sei dann in Folge der Theilungen unter Ludwigs des Deutschen Söhnen die fränkische Mark gebildet worden. Auch Hirsch gibt der ursprünglich böhmischen, sowie der später gebildeten fränkischen Mark eine zu große Ausdehnung und läßt die babenbergischen Brüder Markgrafen der nordgau'schen Mark sein.

So oft auch die Anualisten von Kriegszügen gegen die Sorben und Böhmen berichten, — im Jahre 816 wurde der Heerbann der Ostfranken und Sachsen zu einem Kriegszuge gegen die abtrünnigen Sorben aufgeboten und die Sorben wieder zur Unterwerfung gebracht; im Jahre 848 werden die Böhmen in ihrem Lande heimgesucht und besiegt — nirgends finden wir eine Erwähnung von einem sorbisch-böhmischen Markgrafen.

Erst zum Jahre 849 berichten die Jahrbücher von Fulda, für das Ostfrankenreich die Hauptquelle jener Zeit, von einem Herzog der sorbischen Gränze, Takolf.

Die Böhmen, die das Jahr zuvor von dem Sohne Ludwigs des Deutschen, Ludwig dem Jüngern, besiegt worden waren, Frieden versprochen und Geißeln gestellt, hatten sich im Jahre 849 gegen die fränkische Herrschaft erhoben.

Gegen sie schickte Ludwig der Deutsche, da er selbst durch Krankheit den Oberbefehl zu übernehmen verhindert war, den Heerbann der Baiern unter dem Grafen Ernst. Zugleich drang von Norden und Nordwesten her Markgraf Takolf in Böhmen ein. Dort vereinigten sich Takolf und Ernst und griffen die Verschanzungen der Feinde an. Der Kampf, der sich hier entspann, brachte keine Entscheidung. Doch erschienen am folgenden Tage Gesandte der Böhmen, die Frieden gelobten und Geißeln zu stellen versprachen.

An Takolf, der mit den Gesetzen und Gebräuchen der Slaven bekannt war, hatten sie sich gewendet.

Trotzdem er am vorhergehenden Tage im Kampfe verwundet worden war, unterhandelte er zu Pferde sitzend mit den Gesandten, um sie nicht seine Schwäche merken zu lassen. Eifersucht über das Ansehen, das Takolf bei den Slaven genoß, mochte die übrigen Großen erbittert haben und schnell erneuerten sie den Angriff auf die Feinde. Doch zurückgeschlagen und verfolgt durften sie froh sein, gegen Stellung von Geißeln einen sichern Rückweg durch das Land der Feinde in ihr Vaterland zu erlangen.

Eine Folge dieses für die deutschen Waffen so ungünstigen Ausganges war, daß die Sorben abfielen und häufige Streifzüge in das Gebiet des ostfränkischen Reiches machten. Mehr durch eine planmäßige Verwüstung des Landes, als durch Waffengewalt wurden sie von Ludwig in das frühere Verhältniß zurückgebracht. Im Jahre 856 leisteten die Sorben wieder Heeresfolge in dem Kriegszuge Ludwigs gegen die Daleminzier und Böhmen. In diesem und im darauffolgenden Jahre wurde den Slaven gegenüber das Ansehen der deutschen Waffen wieder hergestellt und sogar ein Theil ihres Gebietes in das frühere Abhängigkeitsverhältniß zum Reiche zurückgebracht.

An diesen Begebenheiten hat wohl auch Takolf Theil genommen, wenn auch nirgends hierüber eine Aufzeichnung sich findet. Die Jahrbücher[1] nennen eben nur den Heerführer, und allerdings als solcher war er bei diesen Kriegszügen nicht betheiligt. Die beiden ersten führte der König selbst, der andere scheint hauptsächlich von den Baiern ausgeführt worden zu sein.

---

[1] Hauptquelle sind die Jahrbücher von Fulda.

Aber im Jahre 858 erscheint er wieder an der Spitze eines Heeres. In diesem Jahre beschloß Ludwig der Deutsche, um in dem bevorstehenden Kampfe mit seinem Bruder Karl und seinem Neffen Lothar die Gränzen des Reiches gegen Osten gesichert zu haben, drei Heere an den Gränzen aufzustellen: das erste unter seinem Sohne Karlmann gegen den Mährerfürsten Rastiz, das zweite unter seinem Sohne Ludwig gegen die Abobriten und Linonen, das dritte endlich unter Takolf gegen die Sorben, höchst wahrscheinlich auch bestimmt, die Böhmen im Zaume zu halten.

Diese Maßregel hielt damals noch den Abfall der Sorben auf. Auf längere Zeit blieb Ruhe an den Gränzen der Thüringer. Im Jahre 869 machten die Sorben noch einmal die größten Anstrengungen, die deutsche Herrschaft abzuwerfen. Mit ihren Nachbarn, den Siuslern, die zwischen der Mulde und Elbe wohnten, hatten sie sich verbündet, böhmische Hülfsvölker hatten sie in Sold genommen. Auch außerdem noch bot sich ihnen Aussicht auf günstigen Erfolg dar: der Mährerfürst Rastiz beschäftigte einen mächtigen Theil der deutschen Waffen. Dennoch wurden sie von Ludwigs des Deutschen Sohn Ludwig dem Jüngern, der mit dem Heerbann der Thüringer und Sachsen gegen sie gezogen war, in einem hartnäckigen Kampfe wieder zur Unterwerfung gebracht, während zugleich auf einer andern Seite Ludwigs jüngster Sohn Karl gegen Rastiz glücklich kämpfte.

Hier, wie überhaupt seit dem Jahre 858, wird Markgraf Takolf nicht mehr erwähnt, obwohl der Heerbann jener Gegenden vereint mit dem der Franken öfters thätig erscheint, sei es im Gränzkriege gegen die Böhmen, wie im Jahre 871, wo Ludwig der Deutsche den Bischof Arn und den Grafen Rudolt zum Schutze der Gränzen gegen Böhmen schickt, oder daß Thüringer und Sachsen den König Karlmann in seinen Kämpfen gegen die Mährer unterstützen.

Zu berücksichtigen bleibt noch, welche Stellung Takolf in den Conflicten der Söhne Ludwigs des Deutschen mit ihrem Vater eingenommen hat. Denn, daß man beiderseits nicht bemüht gewesen sein sollte einen so mächtigen Mann wie Takolf auf seine Seite zu bringen, ist nicht wohl anzunehmen. Freilich die Streitigkeiten Karlmann's mit seinem Vater berührten ihn weniger oder gar nicht. Wohl aber mußte, als Ludwig der Jüngere im Jahre 866 unter den fränkischen, thüringischen und sächsischen Großen sich einen Anhang gegen den Vater zu schaffen suchte, auch Takolf für einen von beiden sich entscheiden. Und hier hat er, man kann es mit Bestimmtheit behaupten, gegen den Sohn Parthei ergriffen. Es ist nicht wohl anzunehmen, daß entgegengesetzten Falls die Annalisten mit Stillschweigen über Takolf hinweggegangen wären, während sie doch von der Theilnahme des Grafen Ernst an der Empörung Karlmann's sprechen und den daher erfolgten Verlust von Ehren und Würden berichten. Besonders aber spricht für jene Annahme der Umstand, daß Takolf, nachdem Ludwig der Deutsche die Empörung seines Sohnes niedergeschlagen, nach wie vorher im ungeschmälerten Besitz seiner Würden und seiner Markgrafschaft blieb.

Takolf starb am 1. September 873 und wurde, wie er in seinem Schenkungsbriefe an das Kloster Fulda gewünscht hatte [1]), in Fulda begraben.

---

[1]) Dronke, cod. dipl. Fuld. Nro. 729. S. p. 7 und vergl. zu Dronke, cod. dipl. Fuld. Nro. 628 die Note 32 bei Dümmler, Gesch. des ostfränk. Reiches I, 328: „Diese Schenkung, welche Heinrich II. am 16. Dez. 1012 bestättigte, mag wirklich stattgefunden haben, die Urkunde aber, die vom Jahre 801 (!) datirt ist, kann nicht wohl echt sein und

Der Tod des Markgrafen Takolf, der mit kräftiger Hand die slavischen Gränznachbarn niedergehalten, hatte sogleich eine Erhebung der Sorben und ihrer Nachbarn zur Folge. Der fränkische und thüringische Heerbann überschritt unter der Führung des Erzbischofs Liutbert von Mainz und des Markgrafen Ratolf, Takolf's Nachfolger, die Saale und brachte durch die Verwüstung des Landes die Sorben zur Unterwerfung.

Weitere Nachrichten über Takolf's Nachfolger in der sorbisch-böhmischen Mark fehlen uns. Dazu trägt besonders der Umstand bei, daß die Sorben sich ruhig verhielten und die deutschen Waffen nicht herauszufordern wagten: gewiß ein Beweis dafür, daß auch Ratolf die Gränzvertheidigung nicht minder kräftig handhabte, als Takolf.

Nicht einmal von ihrem Geschlechte wissen wir etwas, noch ob sie fränkischen oder thüringischen Ursprungs gewesen sind, wiewohl sich eher das erstere vermuthen läßt.

Vielleicht ist auch Ratolf identisch mit jenem Grafen Ruobolt, der, wie oben bemerkt, mit Bischof Arn von Wirzburg gegen die Böhmen zog. Möglich auch, daß Markgraf Ratolf jener Graf Ratolf ist, der als Zeuge in einem Uebergabsbriefe [1]) an das Kloster Fulba vorkommt. Dann ist er sicher fränkischer Abkunft und bekleidet mit der markgräflichen Würde zugleich die eines Grafen in Franken.

Weit bekannter ist das Geschlecht Poppo's, der nach dem Tode Ratolfs [2]) mit der sorbisch-böhmischen Mark belehnt wurde.

---

vertrat wahrscheinlich die Stelle des verloren gegangenen Originals. Um so weniger läßt sich mit Schafarik (slav. Alterthümer II, 523) aus jener ungenauen Bezeichnung auf slavische Abkunft Thakolf's schließen".

[1]) Dronke, cod. dipl. Fuld. z. J. 938.
[2]) Er starb 877. Necrol. Fuld.

Seit dem Jahre 819 erscheint in Urkunden ein Graf Poppo, den man für den Großvater des Markgrafen Poppo hält. Jener Poppo bekleidete die Grafschaft im östlichen und westlichen Grabfeld und stand auch sonst in hohem Ansehen bei Kaiser Ludwig dem Frommen, dessen treuer Anhänger er in den Kämpfen der Söhne gegen den Vater stets blieb. Er wird ausdrücklich unter den Grafen angeführt ¹), die das Interesse des Kaisers in Ostfranken seinem Sohne Ludwig gegenüber vertraten. Die Feindschaft, in die Poppo durch seine Partheistellung mit Ludwig dem Deutschen gerieth, äußerte sich noch bei Lebzeiten Ludwigs des Frommen, indem Ludwig der Deutsche dem Sohne Poppo's, dem Vater des Markgrafen Poppo, einige Lehngüter entzog und sie dem Kloster Fulda schenkte ²). Zwar wurde ihm von Ludwig dem Frommen eine Entschädigung

---

¹) Bouquet, VI, 384 unter den Briefen Einhards: Magnifico et honorabili atque industri viro N. glorioso comiti Eginhardus acternam in Domino salutem.

Domnus imperator mandavit per Dagolfum venatorem, ut N. comes faceret convenire ad unum locum illos comites, qui sunt in Austria i. e. Hattonem et Popponem et Gebehardum et ceteros socios eorum, ut inter se considerarent, quid agendum esset, si aliquid novi de partibus Baioariae fuisset exortum.

²) Dronke, cod. dipl. Fuld. z. J. 839: Praeceptum Hludowici imperatoris de villis Geismara et Borsaha: quia Rabanus venerabilis abbas fuldensis monasterii fratresque eius cenobii nostram adeuntes clementiam retulerat, quod filius noster Ludowicus quasdam res nostrae proprietatis duas scilicet villas ex beneficio Bopponis comitis Geismara et Borsaa per suam tradidisset conscriptionem .... quaedam res juris ipsius monasterii predicto Popponi comiti traduntur; quae res in pago Graphelt sitae in villis, quae Geltersheim, Urbach, Stocheim, Hagenowa, Ernustesheim et Strewe appellatae sunt.

für jenen Verlust, aber nach dem Tode desselben verschwindet das popponische Geschlecht auf längere Zeit, indem demselben von Ludwig dem Deutschen die Grafschaft des Grabfeldes entzogen wurde.

War Poppo im Widerspruche mit Ludwig dem Deutschen aus seiner Stellung verdrängt worden, so war es gerade wieder der Gegensatz, in welchem sich seine Söhne zu Ludwig dem Deutschen befanden, der diese wieder zu Ehren und Würden erhob.

Heinrich, wie es scheint, der ältere Sohn Poppo's, stand in großem Ansehen bei dem Sohne Ludwigs des Deutschen, Ludwig dem Jüngern: er ist dessen Kriegsoberster und erscheint auch i. J. 866, als Ludwig d. J. gegen seinen Vater sich empörte, als Gesandter an den Mährerfürsten Rastiz, um diesen zu gewinnen. So groß war das Ansehen Heinrichs bei den Söhnen Ludwigs d. D., daß, als dieser seinem Grolle gegen Heinrich Luft machend, einen Vasallen desselben blenden ließ, die Söhne Ludwigs zu der nach Tribur berufenen Reichsversammlung zu kommen sich weigerten.

Karl der Dicke betrachtete ihn als die stärkste Stütze seiner Macht und erhob ihn zu den höchsten Würden. Als „dux, marchensis Francorum" bezeichnen ihn die Annalen jener Zeit: er war der Kriegsoberste des ganzen ostfränkischen Heerbannes. Als solcher ist er ungemein thätig: mit dem ostfränkischen Heerbann kämpft er im westfränkischen Reiche siegreich gegen die Normannen, wie er auch das ostfränkische Reich gegen die Einfälle derselben schützt. Im Kampfe gegen die Normannen vor Paris fiel er i. J. 886.

An tapferen Kriegsthaten stand Poppo hinter seinem Bruder Heinrich nicht zurück. Bei dem Tode des Markgrafen Ratolf scheinen die Sorben sich ruhig verhalten zu haben. Dagegen erhoben sich i. J. 880 in Folge einer

Niederlage, welche die Sachsen gegen die Normannen erlitten hatten, die Sorben und ihre Nachbarn, die Daleminzier und Böhmen, und suchten in Thüringen einzubringen. Bis zur Saale gelangten sie, wo sie das Gebiet der den Deutschen treu gebliebenen Slaven verwüsteten. Da trat ihnen Poppo, Graf und Herzog der sorbischen Gränze¹), entgegen und rieb sie in einer furchtbaren Schlacht fast vollständig auf. Seit dieser Zeit wagten es die Sorben nicht mehr, gegen die deutsche Herrschaft sich zu erheben: zu solchem Ansehen hatte Poppo in jenen Gegenden die deutschen Waffen gebracht. Bald verschwindet dann auch der Name der Sorben.

Nicht mit gleichem Glücke focht Poppo seine Privatfehden aus. Mit Egino, dem Grafen des Babenachgau's und Iffigau's gerieth er in Conflict, wurde aber zweimal von demselben geschlagen²). Es mag sein, daß diese Fehden ihren Grund in dem Verhältnisse hatten, in dem Poppo als Besitzer von Eigen- oder Lehengütern zu Egino als Gaugrafen des Babenachgau's sich befand.

Doch verwirkten diese Fehden ihm die Gunst des Kaisers Arnulf nicht oder verminderten sie ihm: Poppo gibt bei der Besetzung des erzbischöflichen Stuhles von Mainz nach dem Tode Liutberts zu der Wahl, die Arnulf traf, seine Zustimmung³), wie er auch bei der Erledigung der Abtei Fulda als Abgeordneter Arnulfs die Abtwahl daselbst leitet. Seine Fürbitte galt etwas bei Schenkungen des Kaisers⁴).

[1]) Ann. Fuld. z. J. 880: „Poppo comes et dux Sorabici limitis".
[2]) Ann. Fuld. p. V. z. J. 882 u. 883 u. p. IV. z. J. 883.
[3]) Regino z. J. 889 u. Annal. Saxo z. J. 889 u. 891.
[4]) Dronke, cod. dipl. Fuld. Nro. 638 z. J. 889: Traditio Arnolfi regis per quorundam procerum nostrorum admonitionem, videlicet Pobbonis et Deotpoldi.

Erst als Poppo i. J. 892 den Bischof Arn von Würzburg [1], den er zu einem Zuge gegen die Slaven aufgefordert hatte, im Kampfe gegen die Chutizer im Stiche ließ, da verlor er zugleich mit der Gunst des Kaisers auch seine Markgrafschaft.

Poppo bekleidete außer der Würde eines Markgrafen auch die eines Gaugrafen im westlichen Grabfeld, wie sein Bruder Heinrich die Gaugrafschaft im östlichen Grabfeld besaß [2]. Heinrich war zugleich auch Graf im Gau Volkfeld [3].

Poppo's Vater hatte die Gaugrafschaft in beiden Theilen des Grabfeldes inne gehabt. Nach dem Tode Ludwigs des Frommen wurde ihm, wenn nicht das ganze Grabfeld, so doch ein Theil desselben von Ludwig dem Deutschen entzogen. Wahrscheinlicher ist, daß das ganze Grabfeld ihm entzogen wurde. Denn es ist doch auffallend, daß nirgends in einer Urkunde sein Name vorkommt, und daß gerade in jener Zeit in Urkunden, die sich auf das Grabfeld beziehen, die Namen anderer Grafen erscheinen.

Unter den Söhnen Ludwigs d. D. verschwinden die Namen der Grafen, die an der Stelle der Popponen mit der Grafschaft im Grabfeld bekleidet waren, und die Familie

---

[1] Regino z. J. 892. Pertz I, 605: Per idem tempus Arnt, Wirciburgensis ecclesiae venerabilis episcopus hortatu et suasione Popponis, Thuringorum ducis, ad pugnam contra Sclavos profectus in eadem pugna occiditur.

[2] Dronke, cod. dipl. Fuld. Nro. 625: Concambium inter Sigihardum abbatem et Gotesdeu in pago Badnegewe in com. Eginonis in loco Tueglenhusen tradidit. Contra haec accepi per concambium in pago Grapfeld in comitatu Heinrici in loco, qui dicitur Munrichestat.

[3] Lang, Reg. p. 21: Arnolfus rex Eponi ministeriali suo ad Krutheim in pagis Volkfeld et in Iffgau in comitatibus filiorum Heinrici et Eginonis donat casam cum curte aliisque pertinentiis.

der Popponen erscheint wieder im Besitze der von ihren Ahnen verwalteten Grafschaft. Heinrich wird wohl schon seit dem Tode des Grafen Kristan II. vom östlichen Grabfeld[1]) die Verwaltung desselben erhalten haben. Poppo, Heinrichs Bruder, erscheint dann im Besitze der Grafschaft des westlichen Grabfeldes; seit welcher Zeit, ist nicht bestimmt. Noch mehr aber wurde die Macht der popponischen Brüder dadurch gehoben, daß Heinrich die Grafschaft im Gau Volkfeld zu seiner Grafschaft im Grabfeld erhielt. Heinrich und Poppo vererbten ihre gaugräflichen Würden auf ihre Söhne. Poppo's Söhne Adalbert und Poppo erscheinen als Grafen im westlichen[2]), Heinrichs Söhne Adalbert, Adalhart und Heinrich als Grafen im östlichen Grabfeld und im Volkfeld.

Poppo's Tod fällt in das Jahr 895.

Es möchte scheinen, als sei nach der Entsetzung Poppo's von seiner markgräflichen Würde, mit dem Jahre 892, eine Veränderung mit der sorbisch-böhmischen Mark eingetreten, als sei sie unter zwei Markgrafen getheilt worden.

Lang und Stenzel[3]) setzen eine solche Veränderung und Theilung der Mark schon in das Jahr 877, nach dem Tode des Markgrafen Ratolf. Doch entbehrt die Annahme Lang's,

---

1) Genfler, Gesch. des fränk. Gau's Grabfeld II, 101.

2) Dronke, cod: dipl. Fuld. Nro. 628: Traditio Martini cum consensu sui domini Bobbonis in loco Buribah et in Einhartes huson illisque capturis, quae illis interjacent locis in pago Graphelde in Nordhemero marca in com. Adalberti. Testes: Bobbo comes. Adalbraht, Bobbo, filii ejus. Ibid. Nro. 629: Traditio Arnolfi regis in pago Puchunna in com. filiorum Heimrici com. in loco Taftaha. Vgl. noch dazu ibid. Nro. 631 u. 648. Lang, Reg. Boic. p. 21. Mon. Boic. XXVIII, Nro. 63.

3) Lang, Baierns Gaue und Stenzel, de marchionum origine.

daß die sorbisch-böhmische Mark schon nach dem Tode Ratolf's getheilt worden sei, daß Poppo den nördlichen Theil gegen die Sorben, dessen Bruder Heinrich den südlichen gegen die Böhmen erhalten habe¹), auch jeden Grades von Wahrscheinlichkeit. Es ist nicht wohl anzunehmen, daß ein Markgraf der Aufsicht über die Gränzen, die ihm übertragen worden ist, fast immer entzogen und in entfernten Gegenden — er befand sich meist im westlichen Frankenreich — als Heerführer gebraucht wird. Die Bezeichnungen „marchensis", „dux", wie sie Heinrich von Regino und Hermann beigelegt werden, beziehen sich eben auf seine Stellung als Kriegsoberster des ostfränkischen Heerbannes gegen die Normannen ²).

Noch weniger läßt sich erweisen, daß eine solche Theilung i. J. 892 vorgekommen, oder daß Adalbert Heinrichs Nachfolger in dem südlichen Theile der Mark gewesen sei.

Dem Babenberger Adalbert, dem Sohne des oben erwähnten Heinrich, wurde bisher immer die Würde eines Markgrafen beigelegt ³): man gab ihn für den Markgrafen der böhmischen Mark aus, ohne daß man dafür einen Anhaltspunkt hatte. Nirgends nemlich, weder bei gleichzeitigen, noch bei spätern Chronisten, noch auch in Urkunden wird, wo von Adalbert die Rede ist, demselben die Würde eines

---

¹) Vgl. hiezu Stenzel, de marchionum origine, p. 11, wo er sagt, der alte limes Sorabicus sei unter die Brüder Poppo und Heinrich getheilt und dadurch die ostfränkische Mark begründet worden, in der diesem Adalbert folgte.

²) Vgl. die Abhandlung von G. Waitz: „Ueber die angebliche Mark in Ostfranken" in den „Forschungen zur deutschen Geschichte" III, 1. Heft, 159.

³) So Eichhorn, T. St.- u. R.-Gesch. I, § 135, p. 522 Note dd. Und in jüngster Zeit Hirsch, Heinrich II.; I, 15.

„marchio" beigelegt [1]). Immer findet sich nur die Bezeichnung „comes". Daraus, daß bei einem späteren Chronisten Adalbert einmal als „procurator fisci regii versus Bohemiam" bezeichnet wird, läßt sich doch gewiß nicht folgern, daß er Vorsteher der böhmischen Mark gewesen. Aus denselben Gründen ist die Ansicht zu verwerfen, daß Adalbert seinem Vater in der markgräflichen Würde gefolgt sei.

Nach dem Angeführten ist es als bestimmt anzunehmen, daß eine Theilung der sorbisch-böhmischen Mark nicht Statt gefunden, daß nach wie vor nur ein Markgraf die ganze Mark verwaltet hat.

Der Nachfolger des Markgrafen Poppo war Konrad [2]), aus einem Geschlecht, das nach ihm fernerhin als das Konrabinische Geschlecht bezeichnet wird. Dieses Geschlecht erscheint seit dem Jahre 886 in den rheinischen Gegenden begütert [3]). Durch ihre Verwandtschaft mit dem königlichen

---

[1]) Vgl. Mon. Boic. XXVIII, Nro. 93, wo zu lesen ist memorati viri. Ludovicus rex, dictus infans, per supplicationem fidelium suorum .... Rudolfo episcopo Wirciburgensi eiusque ecclesiae donat bona Adalharti et Heinrici comitum, fisco regio adjudicata, in Prozoltesheim et Frichinhusa, in pago Gozfeld cum pertinentiis eorum in quibuscunque pagis .... addita tamen quadam exceptione solos vero homines, qui bonae memoriae tragapotonem fidelem nostrum de villa Prozoltesheim occiderunt, ab hac donatione excipimus et si quid memorati viri ad supradicta loca de nobilium virorum proprietatibus injuste contraxerunt. Vgl. dagegen Eckard, Rer. franc. II, 897, der hier memorati marchiones liest.

[2]) Regino z. J. 892, bei Pertz I, 605: Boppo, dux Thuringorum, dignitatibus exspoliatur, et ducatus, quem tenuerat, Chuonrado commendatur, quem pauco tempore tenuit et sua sponte eum reddidit. Deinde Burchardo comiti committitur, qui hunc hactenus strenue gubernat.

[3]) Wenk, hess. Landesgesch. II, 2. Abthl. p. 551.

Hause, sowie durch das Ansehen, in dem sie am Hofe standen, brachten es die konradinischen Brüder bald dahin, daß sie das Grafenamt in dem fränkischen und sächsischen Hessen, in der Wetterau, im Nibgau und Oberrheingau erhielten.

Konrad, das Haupt des Geschlechtes, war Graf im Hessengau und Oberlahngau; Gebhard, Pfalzgraf zugleich, hatte Grafschaften in der Wetterau und im obern Rheingau; Eberhard war Graf im Niederlahngau und Obermaingau; der vierte Bruder Rudolf erhielt i. J. 892 das Bisthum Wirzburg, und so wurde dieses Geschlecht auch in den östlichen Gegenden Frankens einheimisch gemacht.

Konrad scheint es in seiner Stellung als Markgraf nicht behagt zu haben, wohl weil seine Markgrafschaft zu weit von seinen Eigengütern entfernt war. Er legte bald darauf die markgräfliche Würde in die Hände des Königs nieder, und dieser verlieh sie an einen fränkischen Edlen, Namens Burkhard [1]), der mit Konrad verschwägert war. Burkhard besaß Eigengüter im Grabfeld [2]) und die Grafschaft in einem kleineren früher mit dem großen Grabfeld verbundenen Gau.

Wenn nun die weitere Geschichte der sorbisch-böhmischen Mark in den Hintergrund tritt, so ist dieß besonders dem Umstande zuzurechnen, daß damals weit wichtigere Begebenheiten die Aufmerksamkeit der Chronisten in Anspruch nahmen, Begebenheiten, die höchst umgestaltende Wirkungen hier wie im ganzen ostfränkischen Reiche zur Folge hatten.

---

[1]) Regino z. J. 892.
[2]) Dronke, cod. dipl. Fuld. Nro. 589, 631 u. 650. Mon. Boic. XXVIII, Nro. 98. Er erscheint in den angeführten Stellen immer als Zeuge.

Es war der Kampf um die herzogliche Gewalt, der damals hier wie in Lothringen und Schwaben im Gegensatze gegen die königliche Gewalt zum Ausbruch kam.

In Ostfranken waren es die konradinischen und babenbergischen Brüder, die mit der größten Erbitterung diesen Kampf durchfochten, bis die Katastrophe des Babenbergers Adalbert [1]) zu Gunsten der Söhne Konrads entschied.

Erst seit dieser Zeit scheint eine Theilung der ehemaligen sorbisch-böhmischen Mark vorgegangen zu sein, indem die Söhne Konrads mit der herzoglichen Würde Ostfrankens die eines Markgrafen des südlichen Theils der Mark vereinigten. Von beiden Theilen der ehemaligen sorbisch-böhmischen Mark hat jeder seinen eigenen Namen und Markgrafen. Der Markgraf des nördlichen Theiles erscheint unter dem Namen eines „dux Thuringorum", während der südliche Theil der Mark unter dem Namen „marchia orientalis" vorkommt.

Wenn Waitz annimmt, die markgräfliche Würde Eberhards sei nicht auf Ostfranken zu beziehen, so steht das im Widerspruche mit einer Notiz im Chronicon Laurishamense [2]), wo Eberhard ausdrücklich „marchio orientalis" genannt wird.

Die Mark bestand factisch noch fort, bis sie, wie es scheint, mit dem Tode Konrads von Eberhard mit dem Herzogthum vereinigt wurde. Ihre selbständige Stellung hatte sie wahrscheinlich schon unter Herzog Konrad verloren.

---

[1]) Seine Enthauptung fällt auf den 9. Sept. 906.

[2]) Cod. dipl. Laurish. p. 114: Praeceptum secundum Cunradi de libertate et electione abbatis .... per interventum Cunigundae reginae, atque Herigeri Archiepiscopi ac Eberhardi Marchionis.

Ein ähnliches Schicksal hatte der andere Theil der früher vereinigten Mark, der gegen die Sorben gerichtet war, die thüringische Mark, wie sie seit der Trennung von dem fränkischen Theile hieß.

Wir wissen, daß Konrad nach der Entsetzung Poppo's die sorbisch-böhmische Mark erhielt. Aber nur kurze Zeit verwaltete er dieselbe, und an seiner Stelle erhielt dieselbe sein Schwager Burkhard. Als dieser im Jahre 908 im Kampfe gegen die Ungarn gefallen war, vereinigte Herzog Otto von Sachsen bei der Minderjährigkeit der Söhne Burkhards, Burkhard und Bardo, Thüringen und die damit verbundene Mark mit seinem Herzogthum. Bald darauf verschwindet auch die Macht der Sorben auf immer und ihr Land wächst der thüringischen Mark zu.

II. Die Mark auf dem Nordgau bis zum Tode des Markgrafen Otto von Schweinfurt.

1. Die Begründung der Mark und der erste Markgraf Berchtold.

Unter Kaiser Otto II. erscheint in jenen Gegenden, die großentheils schon früher zur böhmischen Markgrafschaft gehört hatten, längs dem Böhmerwald ein Markgraf, dessen Aufgabe keine andere sein konnte, als die Gränzen des Reiches gegen die Böhmen zu schützen. Es ist Markgraf Berchtold, der schon unter Otto I. als ein einflußreicher, reichbegüterter Graf mehrfach erwähnt wird: so einigemal in der Chronik des Thietmar von Merseburg [1]), mit dem Berchtold nahe verwandt war. Er ist Graf im Nordgau und Volkfeld [2]).

---

[1]) Lib. II, 14 und III, 7.

[2]) Als Graf im Nordgau kommt Berchtold vor in einer Urkunde Otto's I. z. J. 961, 4. Febr. Mon. Boic. XXVIII, Nro. 180: Otto I. Rex partem haereditatis nobilis viri Diotmari in loco Priemperch, in pago Nortgowe, in comitatu Bertoldi comitis, judicio scabineorum sibi adjudicatam, monachis sti. Emmerammi donat.

Als Graf im Volkfeld in einer Urkunde Otto's II. vom Jahre 973, 27. Juni. Mon. Boic. XXVIII, Nro. 188: Otto II. imperator nepoti suo Baioariorum duci regii juris praedium, civitatem Papinberc et Nendilin Uraha, in comitatu berahtoldi comitis, Volcveld situm, cum pertinentiis donat.

Als Markgrafen finden wir diesen Berchtold in einer Urkunde bei Pez in dem codex traditionum Emmeram [1]. Er wird daselbst „Marchio - comes" genannt. Arnoldus de sto. Emmerammo, der in den letzten Jahren Kaiser Heinrichs II. schrieb [2]), berichtet im ersten Buche, cap. 13 über einen Streit, den der Bischof Michael von Regensburg mit Berchtold hatte, und nennt diesen „marchio"; im zweiten Buche, cap. 40 nennt er Berchtold einen „marchi-comes".

Es fragt sich nun, wann diese Mark gegen Böhmen wieder errichtet wurde, und welches Gebiet sie umfaßte.

Ein positives Zeugniß über die Zeit der Errichtung der Mark läßt sich nicht auffinden. Am besten läßt sich mit Uebergehung Mannert's, der in seiner Geschichte Baierns die Gründung der Mark in das Jahr 985 setzt, und abgesehen von Lang [3]), der eine ununterbrochene Reihe von Markgrafen von dem Babenberger Adalbert an bis auf Otto's Zeiten aufstellt, mit Giesebrecht [4]) das Jahr 976 als den Zeitpunkt festsetzen, wo die Verhältnisse eine Beschränkung der herzoglichen Macht in Baiern und eine Gränzhut gegen die Böhmen nothwendig machten.

Um die damaligen Verhältnisse zu verstehen und würdigen zu können, wird es nöthig sein, etwas weiter auszuholen.

---

[1]) Pez, thes. anecd. nov. I, pars III, p. 100: Notum sit Dei fidelibus, qualiter Perchtold Marchio-comes cum manu Heilisuindae conjugis suae tradidit ad stum. Emmerammum in manum Ariponis vassalli - sui, accipiente Romuoldo abbate, fratribus serviendum tale praedium, quidquid habuit ad Isaninga ..... quod ita factum est cum manu praedictae matronae et filii ejus Heinrici comitis.

[2]) Pertz, IV, 533.

[3]) Baierns Gaue I, 128.

[4]) Jahrbücher des deutschen Reichs II, 135 und Gesch. der deutschen Kaiserzeit I, 575.

Mit dem Falle des Herzogs Eberhard ¹) im Jahre 939 wurde das Herzogthum Franken eingezogen und unter die unmittelbare Aufsicht des Königs gestellt. Den östlichen Theil des Herzogthums aber, der wegen seiner Nachbarschaft mit Böhmen einer besondern Aufsicht bedurfte, übertrug Otto I. dem Herzog Berchtold von Baiern zum Lohne dafür, daß er im Kampfe Otto's I. mit Eberhard so treu zum Kaiser gehalten hatte ²). Damals wurde der Nordgau mit dem Herzogthum Baiern verbunden; die Marken gegen Süden und Osten standen unmittelbar unter demselben: eine solche Macht, wenn die Treue eines bairischen Herzogs zweifelhaft war, mußte für das kaiserliche Ansehen höchst gefährlich werden.

Dieser Fall trat auch nach dem Tode des Kaisers Otto I. ein: das bairische Herzogshaus machte eine für Otto II. höchst gefährliche Wendung.

Judith, die Wittwe des im Jahre 955 verstorbenen Herzogs Heinrich übte als Vormünderin für ihren Sohn die herzogliche Gewalt in Baiern aus. Bestrebt, den Glanz und die Macht ihres Hauses zu erhöhen, trat sie bald mit dem Herzog Burkhard II. von Schwaben in die engste Verbindung, indem sie ihre jüngste Tochter Hedwig mit dem schon bejahrten Herzog vermählte und mit derselben den Einfluß und das Interesse des bairischen Herzogshauses nach Schwaben verpflanzte. Das südliche Deutschland schien ganz in die Gewalt dieses Hauses zu fallen, zumal Herzog Heinrich, zu männlichen Jahren herangewachsen, als einen starken und kräftigen Vertreter der Interessen seines Hauses sich

---

¹) Er war der letzte Markgraf der böhmischen Mark, wie oben erwähnt.

²) Giesebrecht, Gesch. d. d. Kaiserzeit I, 271.

erwies. Mit welcher Kühnheit er dieselben verfolgte, konnte man am besten daraus entnehmen, wie er durch List, das kaiserliche Ansehen offen verhöhnend, das reiche Bisthum Augsburg einem Schwestersohne der Herzogin Judith, Heinrich mit Namen, verschaffte. Mit Nothwendigkeit mußte Otto II. diesem Hause eine Schranke zu setzen suchen, wenn nicht die Macht desselben eine das kaiserliche Ansehen und das Reich gefährdende Höhe erreichen sollte [1]).

Dazu bot sich die günstigste Gelegenheit, als gegen Ende des Jahres 973 [2]) Herzog Burkhard von Schwaben starb, ohne Kinder zu hinterlassen. Seine Gemahlin Hedwig sah sich als die natürliche Erbin des Herzogthums an und hoffte dieses mit ihrer Hand auf einen zweiten Gemahl zu übertragen. Doch der Kaiser achtete ein solches vermeintliches Recht nicht: er ließ ihr nur die Erbgüter ihres Gemahls und übertrug das Herzogthum Schwaben seinem Vetter und Freunde Otto, Liudolfs Sohn.

Hatte der Kaiser so den Einfluß des bairischen Herzogshauses in Schwaben gebrochen, so erweckte er diesem auch im eigenen Lande eine gefährliche Opposition in dem Grafen Berchtold, der, wie man gewöhnlich annimmt, ein Sprosse des einst so mächtigen babenbergischen Geschlechts in dem bairischen Nordgau [3]) eine ansehnliche Stellung sich errungen hatte. Diesen Mann, der auch dem Vater des Kaisers Otto II. treu gedient und sich des besondern Vertrauens Otto's I. erfreut hatte — ein Beweis dafür ist, daß im Jahre 941 Otto I. den sächsischen Grafen Lothar,

---

[1]) Vgl. Giesebrecht, Gesch. d. deutschen Kaiserzeit I, 570.
[2]) 12. Nov. 973.
[3]) Seit dem Falle Eberhard's ist der Nordgau bairisch. Vgl. dazu Thietmar II, 14.

den Großvater des Geschichtschreibers Thietmar, der an einer Verschwörung gegen den Kaiser Theil genommen hatte, dem Grafen Berchtold zur Obhut anvertraute [1]) — diesen Mann verband sich Otto II. enger, indem er seinem Bruder Liutpold die Ostmark gegen Ungarn, die bis dahin Burkhard verwaltet hatte, übertrug.

Die Begünstigung der beiden Brüder Berchtold und Liutpold gegenüber dem bairischen Herzogshause hatte eine Verschwörung Heinrichs mit dem Bischof Abraham von Freising zur Folge, bei der es die Verschworenen im Bunde mit den Herzögen Boleslav von Böhmen und Mieczislav von Polen auf nichts geringeres abgesehen hatten, als den Kaiser vom Throne zu stürzen. Der Kaiser erhielt schnell Kunde von dieser Verschwörung. Heinrich und Abraham wurden vor das Fürstengericht geladen, verhaftet und in sicheren Gewahrsam gebracht. Später wurde Heinrich auf einem Reichstage zu Regensburg seiner herzoglichen Würde entkleidet, und dieselbe dem Herzog Otto von Schwaben verliehen, so daß dieser gegen Sitte und Herkommen zwei Herzogthümer in seiner Hand vereinigte, Baiern jedoch nicht in der Ausdehnung, die es vorher hatte. Die Marken erhielten eine selbständigere Stellung; Kärnthen mit der Mark Verona wurde von dem Herzogthum Baiern getrennt und daraus ein neues Herzogthum gebildet, das der Kaiser Heinrich dem Jüngeren, dem Sohne des früheren Herzogs Berchtold, verlieh.

Eine weitere Beschränkung scheint bei dieser Gelegenheit das bairische Herzogthum dadurch erlitten zu haben, daß der Kaiser auf dem Nordgau eine Mark gegen Böhmen errichtete und dieselbe dem Grafen Berchtold übertrug.

---

[1]) Thietmar II, 14.

Auch sonst hatten die feindlichen Beziehungen, in die man erst neuerdings zu den Böhmen gerathen war, die Gründung einer böhmischen Mark nothwendig gemacht. Um den Herzog Boleslav wegen seiner Theilnahme an der Verschwörung Heinrichs zu züchtigen, war Otto II. i. J. 975 in Böhmen eingedrungen, hatte das Land weit und breit verwüstet, aber dessenungeachtet den Herzog nicht zur Unterwerfung zu bringen vermocht. Hiemit läßt sich leicht eine strengere Beaufsichtigung der Gränzen und in Folge dessen die Bildung einer Mark an denselben in Verbindung bringen.

Einen eigenen Namen für die neu gebildete Mark findet man im Anfange nicht. Später finden sich in Urkunden[1] die Namen „marchia Nabburg", „marchia Chamb" für einzelne Theile der Mark auf dem Nordgau. Die Markgrafen werden nach ihren Eigengütern benannt, als „Amerdalenses", als „marchiones in Bavaria", zuletzt als „marchiones de Suinfurt"[2]. Die Markgrafen auf dem Nordgau folgten der Fahne der bairischen Herzöge, wie sie wohl auch selbst bei Erledigung des Herzogthums als Führer des bairischen Heerbannes erscheinen.

Was die Ausdehnung der Mark auf dem Nordgau betrifft, so ist Pfeffel in seiner Abhandlung „über die Markgrafen auf dem Nordgau aus dem babenbergischen Geschlecht[3] offenbar viel zu weit gegangen. Pfeffel bemerkt, daß der

---

[1] Mon. Boic. XXIX, Nro. 356, 390, 400, 430 u. s. w. Lang, Reg. p. 88, 92, 102; Ried, cod. dipl. Ratisp. p. 152.

[2] Ann. Hildesh. contin. 1018. Ann. Wirclb. z. J. 1047. Herim. Contr. 1048. Lambert Hersf. 1058 u. 1068. Ann. Hildesh. contin. 1035 u. 1047. Ann. Saxo, 1021, 1030, 1047, 1057, 1040.

[3] Abhandlungen der churfürstl. bair. Akademie der Wissenschaften I, 173--202.

Nordgau nach und nach zwei verschiedenen markgräflichen Familien gehorcht hat, deren Macht und Ansehen auch sehr verschieden gewesen ist. Er identificirt die Mark auf dem Nordgau mit dem Nordgau selbst und sagt, die Ländereien des ersten Hauses — des babenbergischen bis 1058 — haben keine andere Gränzen als der Nordgau selbst gehabt. Und diesen selbst dehnt er viel zu weit aus. Er findet, daß sich derselbe, respective die Markgrafschaft, ostwärts von dem Flusse Regen an längs dem Böhmerwald bis über Eger hinaus, von da nordwärts dem Main nach bis an die Quellen der Itsch[1]), gegen Westen aber diesseit und jenseit des Mains bis an die Thore von Wirzburg und an den Spessart erstreckt habe; südwärts endlich dürfte wohl die Donau die einzige Gränzscheide zwischen der nordgau'schen Mark und dem eigentlichen Baiern gewesen sein.

Nach Norden und Westen ist die Ausdehnung des Nordgau's, d. i. der Mark, zu weit angenommen. Pfeffel unterscheidet eben nicht zwischen Eigengütern und Lehngütern, wie zwischen Grafschaft und Markgrafschaft. Berchtold und seine Nachkommen besaßen bedeutende Güter im Nordgau und Volkfeld. Daraus läßt sich aber nicht folgern, daß die Markgrafschaft über die Gegenden sich erstreckt habe, wo die Markgrafen Eigengüter besaßen; Berchtold und seine Nachkommen waren auch Grafen im Volkfeld und Nordgau[2]).

Richtig erscheint die Gränzbestimmung der nordgau'schen Mark, wie sie Lang[3]) gibt, dem auch Giesebrecht in den Jahrbüchern des deutschen Reiches folgt[4]).

---

[1]) Im heutigen Herzogthum Koburg.

[2]) G. Th. Rudhart, Aelteste Gesch. Baierns, gibt dem Nordgau für verschiedene Zeiten verschiedene Gränzen. Vgl. p. 512 u. ff.

[3]) Lang, Baierns Gaue I, 124 u. ff.

[4]) Ranke, Jahrb. d. d. Reichs II, 135.

Sie erstreckte sich von der regio Slavorum am Fichtelgebirge und obern Main, die alte sorbische Mark also in sich begreifend, südwärts längs dem Böhmerwald bis zur Donau, westlich bis zum Regen und der Laber bis vor die Thore von Regensburg, von den Gauen Volkfeld und Nordgau westlich begränzt. Hier wird nur noch beizufügen sein, daß sich die Mark nördlich über den Böhmerwald hinüber erstreckte und die Gegend um Eger mit der Stadt Eger in sich begriff.

Der erste Markgraf dieser neu gebildeten Mark ist der mehrerwähnte Graf Berchtold, wie uns überliefert wird, aus dem Geschlechte der Babenberger, das schon früher einmal in diesen Gegenden die markgräfliche Würde bekleidet hatte [1].

Nach dem unglücklichen Falle Adalberts i. J. 906 verschwindet das babenbergische Geschlecht gänzlich aus den Denkmälern der ersten Hälfte des zehnten Jahrhunderts. Nirgendwo berichten uns gleichzeitige Schriftsteller von einem Zusammenhange zwischen dem Markgrafen Berchtold und dem i. J. 906 enthaupteten Grafen Adalbert.

Erst im zwölften Jahrhundert erfahren wir von Otto von Freising, der selbst zu den Nachkommen des babenbergischen Geschlechts sich zählt, daß Berchtold aus dem Geschlechte des babenbergischen Adalbert abstamme.

Im sechsten Buche seiner Chronik, c. 15 erzählt Otto den Conflict Adalberts mit dem konrabinischen Geschlecht, seine Belagerung im Schlosse Babenberg, seine Enthauptung, und fügt dann folgende Bemerkung bei [2]:

„Ex hujus Alberti sanguine Albertus, qui postmodum marchiam orientalem, i. e. Pannoniam

---

[1] Markgraf Poppo, der dann i. J. 892 entsetzt wurde.
[2] Otto Frising. lib. VI, 15 z. J. 905 bei Urstisius I, 125.

superiorem Ungaris ereptam, Romano imperio adjecit, originem duxisse traditur."

Otto berichtet eben, was man zu seiner Zeit allgemein glaubte: man glaubte an einen Zusammenhang der Markgrafen von Oestreich mit dem i. J. 906 enthaupteten Grafen Adalbert.

An die Bemerkung Otto's von Freising anknüpfend haben fränkische und östreichische Geschichtsforscher die Verbindung zwischen dem Markgrafen Adalbert von Oestreich und jenem babenbergischen Grafen Adalbert herzustellen versucht. Der Zusammenhang zwischen dem Markgrafen Adalbert von Oestreich und unserem Markgrafen Berchtold ist festgestellt. Dieser Adalbert, von dem Otto an der angeführten Stelle spricht, ist der jüngste Sohn des Markgrafen Liutpold, dieser aber der Bruder Berchtolds, des Markgrafen auf dem Nordgau, wie aus Thietmar hervorgeht, der den Markgrafen Heinrich auf dem Nordgau, den Sohn Berchtolds, einen Neffen des Markgrafen Liutpold von Oestreich nennt [1]).

Die Lücke dagegen in dem Stammbaum der Babenberger von Berchtold bis zu Adalbert hinauf hat zu verschiedenen genealogischen Hypothesen Veranlassung gegeben.

So stellt der östreichische Geschichtsforscher Pez [2]) als Hypothese auf, Liutpold, der erste Markgraf von Oestreich, sei der Sohn des im Jahre 906 enthaupteten Adalbert gewesen: mithin ist auch Berchtold der Sohn jenes Adalbert. Mit Recht verwirft Eckard [3]) diese Hypothese [4]) und hält

---

[1]) Thietmar IV, 14.
[2]) Pez, script. rer. Austr. I, dissert. V, §. 8.
[3]) Hist. geneal. princ. Saxon. sup. praef. p. 12.
[4]) Liutpold hätte demnach zum mindesten 94 Jahre gelebt.

den „comes Albertus de Martale", der im Jahre 954 starb¹), für den Vater unseres Markgrafen Berchtold. Um aber zu erklären, wie der Name Berchtold in die babenbergische Familie hineingekommen, gibt er dem „comes de Martale" einen Berchtold zum Vater, wahrscheinlich auf die Annalen des Klosters St. Gallen sich stützend²). Dieser Berchtold, fügt dann Eckard weiter bei, muß der Sohn des im Jahre 902 im Kampfe gegen die konrabinischen Brüder gefallenen Heinrich gewesen sein, wenn wir einmal die Bemerkung des Otto von Freising über die Abstammung der östreichischen Markgrafen von Abalbert annehmen. Denn Abalbert hatte, sagt Eckard, keine Kinder, weil sonst seine Güter nach den alten Gesetzen und Gewohnheiten Deutschlands nicht hätten eingezogen werden können. Eckard macht nun den Bruder Abalberts, Heinrich, zum Stammvater der späteren Babenberger und gibt demselben als Gemahlin eine Tochter des Herzogs Otto von Sachsen, mit Namen Baba.

Daß das babenbergische Geschlecht mit dem liudolfingischen verwandt war, bezeugen uns der Mönch Wibukind von Korvei³) und der sächsische Annalist⁴). Nach diesen beiden war die Tochter des Herzogs Otto von Sachsen die

---

¹) Herim. Contr. z. J. 954.
²) Ann. Sangall. z. J. 954: Adalbert, filius Perehctoldi, et Arnolfus, filius Arnolfi ducis, occisi sunt.
³) Lib. I, c. 22 nach der Steinfelder Handschrift, die spätern Ursprungs zu sein scheint; bei Pertz III, 427, codd. 2. 3: Nam cum bellum esset Cuonrado, regis Cuonradi patri, et Adelberto Heinrici ex sorore nepoti, primus interfectus est frater Adelberti.
⁴) Annal. Saxo z. J. 902: His temporibus Adalbertus, magnus heros, cujus pater Heinricus dux, mater Baba dicebatur, idemque sororis filius Heinrici postea regis, nepos, vero Ottonis, Saxonum ducis.

Mutter der drei babenbergischen Brüder Adalbert, Adelhard und Heinrich. Dagegen bemerkt Eckard richtig, daß Baba nicht die Gemahlin des ältern Heinrich habe sein können, da Herzog Otto erst im Jahre 874 geheirathet habe, daß also eine Tochter von ihm i. J. 886 nicht wohl Mutter von drei Söhnen habe sein können. Wibukind hat den älteren und jüngeren Heinrich mit einander verwechselt: der jüngere wird es wohl gewesen sein, der eine Tochter des Herzogs Otto von Sachsen zur Gemahlin hatte. Wenn aber Eckard annimmt, Adalbert habe keine Söhne hinterlassen, weil außerdem seine Güter nicht hätten eingezogen werden können, so widerspricht er sich, wenn er den Heinrich zum Stamm=vater der späteren Babenberger macht, da auch Heinrichs Güter im Jahre 903 confiscirt wurden [1]).

Der Hypothese Eckard's schließt sich Ussermann [2]) in so weit an, als er Heinrich, den Bruder Adalberts, für den Ahnherrn der Babenberger annimmt, als dessen Sohn da=gegen den Grafen Adalbert von Martale, nicht, wie Eckard, vor diesem einen Berchtold. Ein Beweis für die Unwahr=scheinlichkeit der Hypothese Eckard's liegt darin, daß er in den kurzen Zeitraum von nicht ganz funfzig Jahren drei Generationen bringt.

Pfeffel weicht von Eckard und Ussermann weit ab, indem er der Genealogie, wie sie sich im Aloldus de Peck-

---

[1]) Mon. Boic. XXVIII, Nro. 83.
[2]) Ussermann, episc. Bamberg. p. XIII.
   Stammbaum der Babenberger nach Eckard:
      Heinrich, der Bruder Adalberts
   Berchtold
Adalbert de Martale
   Berchtold, Markgraf auf dem Nordgau.
Bei Ussermann ist der erste Berchtold weggelassen.

larn findet, folgt. Dem Markgrafen Berchtold gibt er als Vater einen Grafen Adalbert, der im Jahre 933 in einer Schlacht gegen die Ungarn fiel; und dieses Grafen Adalbert Vater, sagt Pfeffel, war Niemand anders als der i. J. 906 enthauptete Graf Adalbert.

Gensler [1]) verwirft die Notiz des Otto von Freising und spricht dem Markgrafen Berchtold die babenbergische Abstammung ab, weil die Abkömmlinge des Markgrafen Adalbert aus Frankonien verdrängt, in Oestreich ihr Unterkommen gefunden haben. Er behauptet, Barbo, der Sohn des i. J. 908 im Kampfe gegen die Ungarn gefallenen thüringischen Markgrafen Burkhard habe eine Tochter König Konrads geheirathet, welche ihm die reiche Erbschaft aller frankonischen Güter Konrads zubrachte, ebenso die großen Eigengüter und Besitzungen des Markgrafen Adalbert, die an das konrabinische Geschlecht gefallen seien. Nach Gensler waren Barbo's Söhne: Berchtold, dem 976 die Mark auf dem Nordgau übertragen wurde, und Adalbert, jener im Jahre 954 gestorbene comes de Martale. Gensler macht also den Grafen Adalbert von Martale zum Bruder des Markgrafen Berchtold und fügt dann weiter bei, erst nach dem Tode Adalberts „de Martale" finde man Berchtold im Besitze der Feste Amerdal.

Bei Würdigung der verschiedenen Hypothesen über die Genealogie der Babenberger ist vor Allem ein Irrthum zu beseitigen, der fast Allen, die sich damit beschäftigt haben, gemeinsam ist. Jener Graf Adalbert „de Martale" ist nicht ein Graf von Amerdal, im Nordgau gelegen, sondern von Marchthal in Schwaben; denn dieser Adalbert wird in dem

---

[1]) Gensler, Gesch. des fränk. Gau's Grabfeld, II, 152 u. 162 mit Note 8.

Leben des Bischofs Ulrich ausdrücklich „comes in regione Suevorum" genannt¹). Man hat sich nun damit geholfen, daß man dem babenbergischen Geschlecht Besitzungen in Schwaben zuschrieb. Aber dafür findet sich nirgends auch nur eine Andeutung; erst seit dem Jahre 1012, wo Ernst, ein Babenberger, das Herzogthum Schwaben erhielt, erscheint das babenbergische Geschlecht daselbst begütert.

Der Name Adalbert und die Aehnlichkeit der beiden Ortsnamen Martale und Mertala — letzteres ist der Name der Feste Amerdal, die sich allerdings im Besitze Berchtolds und seiner Nachkommen befand — waren zu verlockend, um damit nicht die Lücke in dem Stammbaum der Babenberger auszufüllen. Die Hypothese Pfeffel's dagegen ist eben so einfach wie grundlos. Wenn Eckard und Ussermann noch Anhaltspunkte für ihre Hypothese hatten, so entbehrt dagegen Pfeffel's Genealogie jeder Begründung. Man hätte eben so gut einen beliebigen andern Adalbert als Zwischenglied benützen können.

So viel über die hauptsächlichsten der bisher aufgestellten genealogischen Hypothesen.

So unerquicklich es ist, sich mit derlei unfruchtbaren Fragen zu beschäftigen, so will ich doch versuchen, hier eine neue Hypothese aufzustellen, die sich, nach meiner Meinung wenigstens, besser begründen läßt, als die übrigen.

Der Name Heinrich ist in der Familie der Babenberger gewöhnlicher gewesen, als der Name Adalbert. Schon vor der verhängnißvollen Katastrophe der Jahre 902 und 906

---

¹) Stälin, Wirtembergische Gesch. I, 243 mit Note 4 u. 546 mit Note 2. S. Pertz, IV, 399: quia eo tempore in tota regione Suevorum nullus in regis adjutorio remanebat, nisi Adalpertus comes cum sibi subditis et Dietpaldus, frater religiosi episcopi.

kommt der Name Heinrich vor und auch später erscheint er wieder bei dem Sohne Berchtolds. Wir wissen auch, daß das babenbergische Geschlecht mit dem sächsischen Herzogshause nahe verwandt war.

Und da begegnen wir in einer Urkunde vom 18. Oktober 927 [1]) einem Grafen Heinrich, der daselbst als „fidelis dilectus comes ac propinquus" des Königs Heinrich bezeichnet wird.

Dieser, vermuthe ich, ist der Sohn eines der drei babenbergischen Brüder, wessen, das wage ich nicht zu entscheiden, wahrscheinlich des i. J. 902 gefallenen Heinrich.

Bei dem Sturze seines Geschlechts mit seiner Mutter [2]), der Tochter des Herzogs Otto von Sachsen, auf einige Besitzungen beschränkt oder gänzlich aus denselben verdrängt, hatte es Heinrich seiner Verwandtschaft mit König Heinrich I. zu verdanken, daß er aus der Dunkelheit wieder hervorgezogen und mit einem Theile der babenbergischen Besitzungen, die zum königlichen Fiscus eingezogen worden waren, ausgestattet wurde. Dieselben scheinen im Volkfeld, hauptsächlich aber im Nordgau gelegen zu haben: seine Nachkommen Berchtold und Heinrich sind in diesen Gegenden am meisten begütert.

Ganz grundlos ist die Art und Weise, wie Lang [3]) die späteren Babenberger wieder in den Besitz der ihnen in den Jahren 903 und 906 entzogenen Güter gelangen läßt. König Konrad, sagt Lang, habe seine einzige Tochter an

---

[1]) Mon. Boic. XXVIII, Nro. 115: Heinricus rex cuidam ducis Arnulfi vasallo, Kerung quendam servum Nappo donat, interventu fidelis dilectique comitis ac propinqui nostri Heinrici. Ausgestellt ist dieses Diplom zu Salz.

[2]) Baba nennt sie der sächsische Annalist.

[3]) Baierns Gaue I, 33.

einen Grafen Berchtold von Amerdal verheirathet, der auch viele Güter diesseit der Rednitz, vermuthlich Reste des babenbergischen Erbes hatte. Die königliche Tochter habe ihm Schweinfurt und Geltersheim zugebracht, wovon dann die späteren Babenberger sich Markgrafen von Schweinfurt genannt hätten.

Dagegen läßt sich erwidern, daß, wenn Konrad nur eine einzige Tochter gehabt hat, dieselbe mit einem der Söhne des thüringischen Markgrafen Burkhard, Bardo oder Burkharb, vermählt war [1]), mithin nicht an einen Grafen Berchtold von Amerdal verheirathet sein konnte. Dann war das babenbergische Geschlecht schon früher im Besitze der Gegend um Schweinfurt und dieses Ortes selbst; es ist dann diese Gegend, wenn überhaupt auf dieselbe die Güterconfiscation i. J. 906 sich erstreckte, durch die Gunst König Heinrichs I. wieder an die Babenberger gekommen.

Von den ihm nahe verwandten Königen Heinrich und Otto erhielt Heinrich einen großen Theil der Besitzungen, die schon seine Ahnen inne gehabt, vorzüglich, wie oben bemerkt, im Volkfeld und Nordgau; ob Heinrich schon die Grafschaft in diesen Gauen besaß, oder ob sie unter seinem Sohne Berchtold an das babenbergische Geschlecht kam, läßt sich nicht ermitteln. Urkundlich erscheint Berchtold als Graf im Nordgau zum ersten Male i. J. 961, als Graf im Volkfeld i. J. 973.

Wahrscheinlich seit dem Jahre 976 finden wir den Babenberger Berchtold als Markgrafen in den Gegenden, in denen schon sein Ahnherr Poppo die markgräfliche Würde

---

[1]) Widukind, lib. I, c. 22, Perz III, 427: (Heinricus) Burchardum quoque et Bardonem. quorum alter gener regis erat, in tantum afflixit.

bekleidet hatte. Durch Treue und Ergebenheit hatte er sich die Gunst Otto's I. und Otto's II. erworben und war im Gegensatze zu dem herzoglichen Geschlecht in Baiern, dessen Fahne er wohl folgen mußte, erhoben worden. Bot auch die Mark auf dem Nordgau keineswegs so günstige Aussichten dar, die Gränzen derselben durch glückliche Kämpfe im Gebiete der Feinde weiter auszudehnen und dadurch für die Zukunft eine selbständigere Stellung zu erwerben, wie die Mark, die Berchtolds Bruder Liutpold vom Kaisernhalten hatte: so gab die enge Verbindung der Mark mit dem großen Nordgau und Volkfeld, in denen er das Grafenamt bekleidete, Berchtold eine so bedeutende Macht, daß schon sein Sohn, gestützt hierauf, es wagen konnte, selbst dem Kaiser gegenüber eine drohende Haltung anzunehmen.

Dann bot sich Berchtold die Aussicht dar, später das Herzogthum Baiern zu erlangen und hiedurch die Eigengüter des babenbergischen Geschlechts mit der Ostmark in unmittelbare Verbindung zu bringen: man sagte, es sei ihm vom Kaiser Hoffnung auf das Herzogthum gemacht worden. Und diese Hoffnungen waren nicht ungegründet. Berchtold genoß in hohem Grade die Gunst und das Vertrauen des Kaisers. So erzählt uns Thietmar [1]), Otto I. haben den Grafen Lothar, den Großvater Thietmar's, der an einer Verschwörung gegen den Kaiser Theil genommen hatte, dem Grafen Berchtold zur Aufsicht übergeben. Nicht minder ist ein anderes Ereigniß geeignet, uns das vertraute Verhältniß zwischen dem Kaiser und dem Grafen Berchtold zu zeigen [2]).

Gegen Gero, einen Grafen in Nordthüringen, der sich durch die Stiftung eines Nonnenklosters zu Alsleben an der

---

[1]) Thietmar, II, 14.
[2]) Thietmar, III, 7.

Saale einen bedeutenden Namen gemacht hatte, trat ein gewisser Walbo auf und klagte ihn der Untreue gegen den Kaiser an. Der Kaiser ließ den Grafen Gero, obwohl der Ankläger keinen Beweis gegen ihn aufbringen konnte, zu Sömmeringen verhaften und übergab ihn den Grafen Siegfrid und dem Bruder desselben Lothar, dem Vater und Oheim des Geschichtschreibers Thietmar, zu strenger Haft. Durch einen Zweikampf zwischen Gero und Walbo sollte darauf zu Magdeburg, wohin der Kaiser die Fürsten beschieden hatte, über Schuld oder Unschuld Gero's entschieden werden [1]). In demselben wurde Walbo zweimal am Genick verwundet; er drang aber nur um so heftiger auf seinen Gegner ein und streckte ihn mit einem gewaltigen Streich auf das Haupt nieder. Auf die Frage, ob er weiter kämpfen könne, mußte Gero bekennen, seine Kräfte seien erschöpft. Nun verließ Walbo die Schranken. Aber kaum hatte er seine Waffen abgelegt und sich mit Wasser erfrischt, so stürzte er plötzlich rücklings über und gab seinen Geist auf. Das Volk sah den Tod Walbo's als eine gerechte Strafe Gottes an und hielt Gero für unschuldig. Der Kaiser aber hielt ihn des Verrathes für schuldig und ließ ihn enthaupten. Gero's Tod machte ein gewaltiges Aufsehen. Dieses Verfahren des Kaisers fand nur bei dem Erzbischof Adalbert und dem Markgrafen Dieterich Beifall. Ausdrücklich aber wird erwähnt, Otto, Herzog von Baiern, der an demselben Tage ankam, sowie Graf Berchtold hätten dem Kaiser bittere Vorwürfe gemacht, daß ein solcher Mann wie Gero um eines so unbedeutenden Grundes willen verurtheilt worden sei.

---

[1]) Seit Otto I. hatte der Zweikampf in allen Fällen, wo die Wahrheit auf keine andere Weise zu ermitteln war, da man die Unzulänglichkeit des Eides einsah, rechtliche Bedeutung. Ranke, Jahrbücher des deutschen Reichs II, 57.

Gleich im Anfange wurde Berchtold in seiner neu gewonnenen Stellung als Markgraf auf dem Nordgau bedroht.

Im Jahre 977 drang der Kaiser, um den Herzog Boleslav für seine Theilnahme an der Verschwörung Heinrichs von Baiern zu züchtigen, in Böhmen ein. Der Kaiser selbst brach von den thüringischen Marken aus daselbst ein, Herzog Otto sollte das Aufgebot der Baiern und Schwaben durch den Böhmerwald — durch die Mark auf dem Nordgau — nach Pilsen führen und dort sich mit dem Kaiser vereinigen. Bei dem Aufgebot der Baiern wird sich wohl Markgraf Berchtold befunden haben. In Folge einer Niederlage, die Herzog Otto bei Pilsen erlitt, wurde zwischen dem Kaiser und dem Herzog Boleslav ein Waffenstillstand abgeschlossen, eine Zusammenkunft zwischen beiden kam zu Stande, und der Kaiser durfte froh sein, daß Boleslav hier sich ihm als Lehnsherrn unterwarf und zum Zeichen seiner Unterwürfigkeit sich am Hofe des Kaisers zu stellen versprach, zumal da in Baiern Heinrich die Fahne der Empörung aufgesteckt hatte. Eilends verließ der Kaiser Böhmen und drang durch die Mark auf dem Nordgau in Baiern ein.

Der Urheber der Empörung war Heinrich der Jüngere, der Sohn Berchtolds[1]), dem der Kaiser das aus Kärnthen und der Mark Verona neu gebildete Herzogthum Kärnthen verliehen hatte. Durch Dankbarkeit hatte ihn der Kaiser an sich zu fesseln gesucht; aber das Familieninteresse überwog bei ihm das Gefühl der Dankbarkeit.

Heinrich der Jüngere und seine Mutter verbanden sich mit dem Bischof Heinrich von Augsburg, einem Verwandten

---

[1]) Ueber die falsche Genealogie des Annal. Saxo z. J. 977, der den Sohn des früheren Herzogs Berchtold von Baiern mit dem Sohne des Markgrafen Berchtold identificirt, vgl. Giesebrecht in Ranke's Jahrbücher des deutschen Reichs, II. 1. Abthl. 138 u. ff.

des bairischen Herzogshauses, und suchten sich, sobald Herzog Otto nach Böhmen abgezogen war, Baierns zu bemächtigen. Bischof Heinrich besetzte Neuburg an der Donau, Heinrich der Jüngere Passau, und hierhin warf sich auch der geächtete Heinrich, der mit böhmischen Hülfsvölkern wieder in seinem Herzogthum erschien. Kaum hatte Otto hievon Nachricht erhalten, als er Böhmen verließ, nach Baiern zurückkehrte und Passau zu belagern begann. Auch der Kaiser selbst rückte, nachdem er sich mit Boleslav ausgesöhnt, gegen Passau heran. Hartnäckig kämpften um diese Stadt die Ottonen gegen die Heinriche. Endlich gelang es dem Kaiser, die Stadt zu nehmen. Sie wurde fast ganz zerstört, damit die Empörer nicht noch einmal einen Zufluchtsort fänden. Bald darauf gaben die Heinriche, nachdem sie mit Boleslav die Hauptstütze ihrer Macht verloren hatten, jeden weiteren Widerstand auf und ergaben sich dem Kaiser.

In diesem Kampfe, der die Existenz seiner Markgrafschaft in Frage stellte, trat Berchtold ganz entschieden auf die Seite des Kaisers und focht tapfer vor Passau gegen seinen früheren Herzog, wie im Jahre 976 beim Ausbruche des Bürgerkrieges mit dem Kaiser vor Regensburg [1]).

Es ist keine Frage: wenn es den Heinrichen gelang, in Baiern sich festzusetzen und zu behaupten, so wurde der Markgraf Berchtold in seine frühere Stellung zurückgedrängt, oder doch die Mark in das frühere abhängige Verhältniß

---

1) Thietmar, V, 20. Namque patri regis (Heinrichs II.) genitor istius (des Markgrafen Heinrich) non ut miles, sed ut inimicus saepe restitit imperatorisque partem, ut ipse testatus est, ob confirmatam sacramentis gratiam adjuvit. — Arnoldus de sto. Emmerammo, II, 40 ... causa exstitit civile bellum, quod erat inter Heinricum ducem et Perchtolfum marchi — comitem atque inter ceteros optimates principis Ottonis tum civitatem Ratisponensem obsidentis.

zum Herzogthum Baiern zurückgebracht: Heinrich hätte für das Herzogthum die frühere Ausdehnung in Anspruch genommen; ob sich da Berchtold im Nordgau hätte behaupten können? Um so entschiedener hält er deßhalb zum Kaiser, und auch der Kaiser weiß den hochstrebenden Mann durch Gunstbezeugungen und hohe Versprechungen an sich zu fesseln.

Noch einmal finden wir den Markgrafen Berchtold erwähnt bei einem Streit, den er mit dem Bischof Michael von Regensburg [1]) hatte, in dessen Diöcese zum großen Theil seine Markgrafschaft lag. Besitzungen des heiligen Emmeram gaben die Veranlassung hiezu [2]).

Nachdem man lange mit einander gehadert hatte, kam man dahin überein, zwölf Männer sollten durch einen Eid auf den Altar des heilgen Emmeram die Sache entscheiden. Diese sprachen die streitigen Besitzungen dem Markgrafen Berchtold zu. Doch Alle verfolgte die Rache des erzürnten Heilgen. Nur Berchtold versöhnte sich mit dem Patron der Regensburger Kirche, indem er an denselben das Gut Isiningen schenkte [3]).

In dieser Erzählung lernen wir zugleich Verwandte des Markgrafen Berchtold kennen: Arnold, der uns dieselbe überliefert, ist der Sohn einer Tochter Berchtolds [4]).

Berchtolds Tod fällt in das Jahr 980, wie das Necrologium Fuldense, nicht in das Jahr 982, wie die ann. Einsidl. und Lambert von Hersfeld haben. Die letzteren berichten, Berchtold sei bei der großen Niederlage, die

---

[1]) Michael war Bischof von Regensburg vom Jahre 938 bis 968. S. Wigulejus Hund, Metrop. Salisb. I, 129.

[2]) Arnold. de sto. Emmer. I, 13 bei Pertz IV, 553.

[3]) Tradd. Emmeram. bei Pez, thes. anecd. I, pars III, p. 92 u. Pez, thes. anecd. I, pars III, p. 100.

[4]) Arnold. de sto. Emmeram. I, 13: Unde meus ex matre avus.

Kaiser Otto II. am 13. Juli 982 südlich von Cotrone in Calabrien gegen die Sarazenen erlitt, gefallen. Uebrigens berichtet uns Thietmar, der doch sonst um seinen Verwandten sich kümmert, bei dieser Gelegenheit nichts von Berchtolds Tod, während er doch die Namen der übrigen dort gefallenen angesehenen Männer erwähnt. Entscheidend für das Jahr 980 ist der Umstand, daß in einer Urkunde vom 2. April 981 bereits sein Sohn Heinrich als Graf im Nordgau vorkommt ¹).

Berchtold hinterließ bei seinem Tode seine Gemahlin, die Tochter des Grafen Lothar von Walbeck, den einst der Kaiser ihm zur Haft übergeben hatte, Eila als Wittwe mit zwei Söhnen, Heinrich und Buffo, und einer Tochter, die an den Vater des oben erwähnten Arnold, einen Grafen von Vohburg vermählt war.

Eila, Eilika oder Eilifsuinda, wie sie sonst noch genannt wird, zog sich nach dem Tode ihres Gemahls von der Welt zurück, sich ganz dem Dienste des Herrn widmend, und gründete in Schweinfurt ein Kloster. Daselbst wurde sie nach ihrem Tode bestattet ²). Sie starb am 19. August 1015.

Der ältere Sohn Heinrich folgte Berchtold in der Markgrafschaft und in dem größten Theil der väterlichen Besitzungen.

---

¹) Mon. Boic. XXVIII, Nro. 156: Otto II. imperator monachisti. Emmer. praedium Scierstat, in pago Nortgowi, in suburbano Reginae civitatis, in comitatu Henrici, in proprium concedit.

²) Annal. Saxo z. J. 1015: Ella, filia Lotharii de Waldbike, mater Heinrici marchionis, 14. Kal. Septemb. obiit, sepulta in monasterio, quod in Suinvorde ipsa construxerat.

2. Heinrich, der zweite Markgraf auf dem Nordgau.

Wir sehen, nicht sowohl in einem feindseligen Verhältniß gegen Böhmen bewegte sich die Geschichte der jungen Mark: vielmehr ist es das Verhältniß des Markgrafen zu dem Kaiser und zu dem Herzog von Baiern, wodurch die Geschichte der Markgrafen auf dem Nordgau bestimmt wird. So war es mit Berchtold: im Gegensatze zu dem bairischen Herzogshause war er zu seiner Würde emporgekommen: im Gegensatze zu jenem behauptete er sich in derselben.

Dieses Verhältniß änderte sich mit dem Tode des Markgrafen Berchtold nicht. Sein Sohn Heinrich nahm die Stellung ein, wie sie seinem Vater durch seine Erhebung zum Markgrafen vorgezeichnet worden war.

Zwar fehlen uns die Nachrichten darüber, welche Parthei Markgraf Heinrich ergriffen habe gegenüber den Bestrebungen des früheren Herzogs Heinrich II. von Baiern, dem Sohne Otto's II. die Krone zu entreißen. Aber gerade aus dem Stillschweigen der Quellen läßt sich annehmen, daß der Markgraf auf Seite Otto's III. gestanden habe, da doch sonst die Quellen die Anhänger des Herzogs Heinrich genau anführen [1]. Ueber das Verhältniß des Markgrafen im Kampfe Heinrichs II. (des Zänkers) und Heinrichs III. (des Jüngern) [2] um das Herzogthum Baiern läßt sich nirgendwie eine Vermuthung aufstellen.

---

[1] S. bei Thietmar die ersten Kapitel des 4. Buchs. Thietmar ist für diese Ereignisse Hauptquelle.

[2] Die bairischen Herzöge des 10. Jahrhunderts:
    1) Heinrich I., Otto's I. Bruder † 955.
    2) Heinrich II., Sohn Heinrichs I. (Zänker).
    3) Heinrich III. (der Jüngere), Sohn des Arnulfingers Berchtolb.

Als dann Heinrich II. im Jahre 985 dem Könige sich unterworfen hatte und mit dem Herzogthum Baiern belehnt von unwandelbarer Treue gegen den König sich zeigte, da wurden auch die Beziehungen zwischen Herzog Heinrich II. und dem Markgrafen freundschaftlich, so zwar, daß der Markgraf, als mit dem Tode Otto's III. i. J. 1002 der deutsche Thron erlebigt war, den Sohn Herzog Heinrichs II. in seiner Bewerbung um die deutsche Königskrone auf das kräftigste unterstützte. Er stand auch bei diesem in großem Ansehen [1]: dieß zeigt uns eine Nachricht bei Thietmar. Graf Rikbert, den der Kaiser seiner Grafenwürde entsetzt hatte, reiste mit seinem Neffen, dem Markgrafen Lothar, nach Bamberg zu Herzog Heinrich, erlangte dessen Gunst und erhielt unter Verwendung des Markgrafen Heinrich die Aussicht, seine Lehen wieder zu erhalten und durch eine neue zu vergrößern [2].

Aber im Jahre 1003 erlitt das freundschaftliche Verhältniß zwischen König Heinrich und dem Markgrafen eine höchst ungünstige Wendung. Der König hatte dem Markgrafen für seine thatkräftige Hülfeleistung bei der Bewerbung um den Thron das Herzogthum Baiern versprochen [3]. Der König scheint, nachdem er sein Ziel erreicht hatte, doch

---

[1]) Adalboldi vita Henrici II. c. 9: ..... quod antequam rex (Heinrich II.) ab Alamannia exiret, Heselo, Bertoldi filius, quem tempore ducatus sui ultra omnes comites regni hujus ditaverat.

[2]) Thietmar, V, 2.

[3]) Thietmar, V, 8. Adalboldi vita Henrici II., c. 9 bei Pertz IV, 686: Praetereundum non existimo, quod antequam rex ab Alamannia exiret, Heselo, Bertoldi filius, quem tempore ducatus sui ultra omnes comites regni hujus ditaverat, legatos, quos in ipso exercitu meliores eligere poterat, ad ipsum transmisit, ut Bawariensem ducatum sibi concederet, inconsulte rogavit.

Bedenken getragen zu haben, zu der Macht, die Markgraf Heinrich schon besaß, einen so bedeutenden Zuwachs hinzuzufügen, und hielt mit der Verleihung des Herzogthums zurück. Da ließ der Markgraf durch die angesehensten Männer im königlichen Heere den König um die Belehnung mit dem Herzogthum anhalten. Folgendermaßen soll die Antwort des Königs hierauf gelautet haben [1]): „Wißt ihr denn nicht, daß das auf diesem Zuge nicht ausgeführt werden kann? daß die Baiern von Anfang an freie Macht gehabt haben, ihren Herzog zu wählen, und daß es sich nicht ziemt, sie so plötzlich herabzusetzen und ihre alten verfassungsmäßigen Rechte ohne ihre Einwilligung zu verletzen? Wenn Graf Heinrich warten will, bis ich selbst in die Gegend komme, so will ich ihm nach gemeinsamem Rathe und Willen der Ersten des dortigen Landes hierin gern Genüge leisten."

Als Markgraf Heinrich von seinen Vermittlern die ausweichende Antwort des Königs vernahm, gab er die Hoffnung auf, das versprochene Herzogthum zu erlangen und zog sich allmählig aus dem vertrauten Umgang mit dem Könige zurück. Er begleitete jedoch noch denselben auf seinem Zuge von Alamannien nach Franken und von da nach Thüringen.

Es war gewiß, daß der gekränkte Markgraf keine Gelegenheit vorübergehen lassen werde, ohne sich Freunde

---

[1]) Thietmar l. c. Quibus rex tale fertur dedisse responsum: Nonne scitis, haec in hac expeditione nequaquam fieri posse, Bawarios ab initio ducem eligendi liberam habere potestatem, non decere tam subito eos abicere, neque constitutionis antique jus absque consensu eorum frangere? Si voluisset exspectare, usque dum ipse ad has regiones venirem, cum comuni consilio principum eorundem ac voluntate, sibi libenter in hoc satisfacerem.

zu erwerben, mit deren Hülfe er an dem Könige seinen Groll auslassen könnte. Dazu bot sich in Thüringen, wohin der Markgraf den König begleitet hatte, eine günstige Gelegenheit.

In Merseburg empfing König Heinrich die Huldigung der thüringischen und sächsischen Großen, der Erzbischöfe und Bischöfe. Daselbst war auch Herzog Boleslav von Polen erschienen, um dem Könige seine Huldigung darzubringen, in der Hoffnung, als Preis dafür die Mark Meißen zu erhalten [1]). Hierin aber täuschte er sich. Er erhielt wohl die Landschaften der Milzener und Lausitzer; aber die Stadt Meißen, an deren Besitz ihm soviel gelegen war, daß er dem Könige eine große Summe Geld dafür anbot, erhielt er nicht. Nur soviel erlangte Boleslav, daß die Stadt Meißen seinem Stiefbruder Gunzelin verliehen wurde.

In seinen Erwartungen getäuscht, voll Groll gegen den König, schloß er sich dem Markgrafen Heinrich an, der ähnliche mißliebige Erfahrungen vom Könige gemacht hatte. Da kam noch ein Vorfall hinzu, der die beiden Männer noch enger aneinander knüpfte [2]).

Als Herzog Boleslav wohl beschenkt vom Könige entlassen abziehen, und Markgraf Heinrich ihm das Geleite geben wollte, sah er eine Schaar Bewaffneter zusammen-

---

[1]) Thietmar, V, 10 bei Pertz III, 795: Bolizlaus antem Misnensem urbem tantummodo innumerabili pecunia acquirere satagebat, et quia opportunitas regni non erat, apud regem optinere non valebat, vix impetrans, ut haec fratri suo Guncelino daretur, redditis sibi Liudizi et Miltizieni regionibus. Vgl. dagegen Giesebrecht Gesch. d. deutschen Kaiserzeit II, 24, wo er sagt, Boleslav habe das Land der Milzener und Lausitzer dem Könige ausliefern müssen: es steht dieß mit Thietmar V, 10 in Widerspruch.

[2]) Thietmar, V, 10.

eilen und sich ihnen in den Weg werfen. Sofort suchte er die Ursache dieses Auflaufes zu erforschen und denselben, damit kein weiteres Unheil geschähe, zu dämpfen. Nur mit Gefahr seines eigenen Lebens gelang es dem Markgrafen Boleslav aus dem Thore hinauszuführen. Boleslav gab diesen Vorfall dem Könige Schuld und eilte, nachdem er dem Markgrafen Heinrich vorkommenden Falls seine Hülfe zugesagt, in die Heimath zurück. Für den Augenblick hatte der König von feindseligen Anschlägen Boleslav's auf das Reich nichts zu besorgen, da der Polenherzog mit den böhmischen Verhältnissen beschäftigt war.

Boleslav von Böhmen flüchtete, von seinen Unterthanen vertrieben, erst zu dem Markgrafen Heinrich, von dem er wegen früher zugefügter Kränkungen als Gefangener behandelt wurde. Von diesem freigelassen, kam er dann zu dem Herzog Boleslav von Polen. Dieser führte ihn nach dem Tode des an seine Stelle früher berufenen Wlodowey nach Böhmen zurück, benützte aber die dem Boleslav feindselige Stimmung des Volkes, brachte denselben in seine Gewalt, ließ ihn blenden und sich selbst als Herrn von Böhmen ausrufen.

Diese Verbindung zweier so bedeutender Länder, wie Polen und Böhmen, die zugleich dem Markgrafen Heinrich eine erfolgreiche Unterstützung gewährte, mußte für den König ungemein gefährlich werden. Dieß entging auch dem Könige nicht. Er suchte den Herzog Boleslav auf seine Seite zu bringen und ihn von dem Markgrafen Heinrich zu trennen, indem er ihm die Belehnung mit Böhmen anbieten ließ; aber der Herzog ließ sich nicht hiezu bewegen.

Auf dem Osterfeste zu Quedlinburg ¹) ließ sich der

---

¹) 28. März 1003.

König weder von der Anmaßung Boleslav's, noch von den kühnen Ansprüchen des Markgrafen Heinrich etwas merken. Dieser hatte noch mit dem Ausbruche der Feindseligkeiten gegen den König gezögert, da er den Beginn derselben wahrscheinlich dem Herzog überlassen wollte. Indeß der König hatte zu Merseburg, wo er die Bittwoche des Jahres 1003 feierte, Nachricht von der Verschwörung des Markgrafen erhalten und schnell seinen Plan gefaßt. Erst sollten die inneren Feinde unterdrückt und dann die äußeren gedemüthigt werden. Die Verschwörung beschränkte sich übrigens nicht auf die beiden Männer Heinrich und Boleslav. Auch andere bedeutende Männer hatte jener in dieselbe verflochten: Ernst, der Sohn des Markgrafen Liutpold hatte sich der Verschwörung angeschlossen, und sogar der Bruder des Königs, Bruno, war dem Bunde gegen denselben beigetreten.

Nachdem der König das Pfingstfest zu Halberstadt gefeiert hatte, brach er nach Baiern auf, zog dort von allen Seiten Truppen zusammen und fiel zu Anfang August in das Gebiet des Markgrafen ein [1]). Weit und breit verheerte er die Besitzungen desselben und zwang ihn in seinen Burgen Schutz zu suchen. Als der König gegen Hersbruck heranzog, raubte ein Ritter des Markgrafen, Namens Magau, den ganzen Schatz des Königs, der vor demselben hergeführt wurde, theilte ihn mit seinen Gefährten und zog sich in die Feste Amerthal zurück. Der König rückte ihm nach, schloß ihn in Amerthal ein und zwang ihn, sich und die Seinen unbedingt zu ergeben. Nur das Leben wurde ihnen geschenkt. Darauf zerstörte der König die Feste und vertheilte die Polen, die bei Amerthal gefangen worden waren, unter die Seinen als Beute. Sofort brach der König nach

---

[1]) Thietmar V, 20 u. ff.

der Stadt Kreußen auf und umlagerte ringsum die Stadt. Daselbst befehligte Bukko, der Bruder des Markgrafen, dem zugleich der Schutz der Gemahlin des Markgrafen und seiner Kinder anvertraut war. Heinrich eilte, um die Feste zu entsetzen und Gemahlin und Kinder nicht dem Feinde in die Hände fallen zu lassen, herbei, überfiel einen Theil des königlichen Heeres, richtete aber nur geringen Schaden an. Um so wachsamer war dann der König. Als ihm die Stellung des Feindes verrathen war, näherte er sich behutsam dem Lager desselben, griff ihn unter dem Schlachtruf „Kyrie Eleison" an und zwang ihn zur Flucht. Ernst, der Vetter des Markgrafen Heinrich, wurde gefangen, vor den König geführt und über ihn das Todesurtheil ausgesprochen. Nur durch die Verwendung des Erzbischofs Willigis von Mainz wurde er begnadigt und seine Strafe in eine Geldbuße umgewandelt.

Als Bukko die Nachricht von der Niederlage und Flucht seines Bruders Heinrich erhalten hatte, übergab er mit Bewilligung der Gemahlin des Markgrafen und ihres Bruders Otto die Feste dem König. Dieser gab Befehl, dieselbe von Grund aus zu zerstören; sie wurde aber durch die Schonung derer, denen der Auftrag gegeben war, größtentheils erhalten.

Markgraf Heinrich, die Erfolglosigkeit ferneren Widerstandes wohl einsehend, wies das Anerbieten des jungen Grafen Siegfrid [1]), der mit einem Hülfsheere erschienen war, zurück, steckte seine Feste Kronach selbst in Brand und begab sich mit Bruno, dem Bruder des Königs, und seinen übrigen Anhängern zum Herzog Boleslav. Als der König gegen Kronach heranrückte, fand er die Feste bereits niedergebrannt.

---

[1]) Wahrscheinlich ein Sohn des gleichnamigen Grafen von Nordheim. S. Hirsch, Heinrich II., 269 mit Note 4.

Alle Burgen des Markgrafen waren nun gefallen; Schweinfurt allein war noch unverfehrt. Um auch diefe Stadt der Vernichtung preis zu geben, fandte der König den Bifchof Heinrich von Wirzburg und den Abt Erkanbald von Fulda hin. Diefe wurden bei ihrer Ankunft von der Mutter des Markgrafen, Eila, ihrem Range entfprechend empfangen und begrüßt. Als fie aber das Gebot des Königs verkündeten, da eilte die hohe Frau voll Entfetzen in die Kirche und fchwur, wenn diefelbe angezündet würde, lieber mit derfelben in den Flammen umkommen als fie lebend verlaffen zu wollen. Des Königs Abgefandte änderten daher das Urtheil dahin ab, daß fie nur die Mauern und Gebäude der Stadt dem Erdboden gleich machten, indem fie zugleich die Mutter des Markgrafen mit dem Verfprechen zu tröften fuchten, daß fie auch das Zerftörte fo viel als möglich wiederherftellen würden, fobald fie es ohne Gefahr vor der Ungnade des Königs thun könnten.

Die Befitzungen des Markgrafen wurden von dem Könige eingezogen und zumeift an Andere vertheilt.

Die Verfchworenen hatten mit der Niederlage des Markgrafen Heinrich keineswegs ihre Plane aufgegeben. Heinrich veranlaßte den Herzog Boleflav von Polen, von Böhmen aus in Baiern einzufallen, wogegen dann der König Ein= fälle in das Gebiet der Milzener machte und den Herzog durch Befatzungen an den Gränzen Polens von weiteren Feindfeligkeiten abhielt.

Heinrich und Bruno geben nun jede weitere Hoffnung, dem Könige mit Glück begegnen zu können, auf. Bruno begab fich nach Ungarn zu König Stephan, um durch deffen Vermittelung die Gunft des Königs wieder zu erlangen. Zugleich mit diefer Nachricht erhielt der König in Merfe= burg, wohin er fich nach dem Zuge wider Boleflav begeben hatte, die Kunde, daß auch Markgraf Heinrich große Reue fühle und sich mit dem Könige auszusöhnen wünsche.

Der König schenkte den Bitten der Vermittler des Markgrafen Gehör und gewährte ihm unter der Bedingung Gnade, daß ihm und seinen Anhängern zwar ihre Lehen wieder verliehen werden sollten, daß dagegen der König ihn, so lange es ihm beliebe, in Haft behalten könne. Hierauf erschien der Markgraf im Aufzuge eines Büßenden vor dem Könige, bekannte sein Vergehen und wurde nach der Burg Giebichenstein gebracht. Mit großer Befriedigung erzählt uns der fromme Bischof Thietmar, Heinrich habe unter andern guten Werken auch dasjenige verrichtet, daß er eines Tages das Psalterium mit 150 Kniebeugungen absang [1].

Schon das Jahr darauf wurde der Markgraf aus seiner Haft entlassen. Im Jahre 1004 vertrieb der König den Herzog Boleslav aus Böhmen und führte den früheren Herzog dieses Landes, Jaromir, nach Prag zurück. Dort feierte er das Fest der Geburt Mariä und trug dem Bischof Godschalk von Freising auf, die Predigt zu halten. Am Schlusse derselben wendete sich dieser an den König und sprach [2]: „Dich beschwöre ich im Namen und bei der Liebe dessen, der seinem Schuldner die zehntausend Pfund nachließ, d. h. der den Beschnittenen, den Juden, die Uebertretung seiner Gebote erlassen hat: erbarme Dich, theuerster Herr, Heinrichs, des ehemaligen Markgrafen; er ist, so hoffe ich, von wahrer Reue erfüllt; löse seine Bande, verleihe ihm Gnade, damit Du mit desto freierem Gemüthe Dich heute zu Gott wenden kannst mit dem Gebete: Vergib uns uns're Schuld!"

---

[1] Thietmar VI, 2.
[2] Thietmar VI, 10.

Erschüttert von dieser Ansprache versprach der König, den Markgrafen Heinrich aus seiner Haft zu befreien, und entließ ihn, sobald er von dem Kriegszuge nach Böhmen zurückgekehrt war, in seine Markgrafschaft.

Heinrich erhielt seine Lehengüter nicht in dem Umfange zurück, in dem er sie vor seiner Empörung gegen den König besessen hatte. Die Grafschaften im Nordgau und Volkfeld, die er von seinem Vater Berchtold ererbt hatte, waren im Jahre 1003 an andre Edle verliehen und blieben dem Markgrafen vorläufig entzogen, jedenfalls so lange, bis die Grafen, die der König in den beiden Gauen eingesetzt hatte, sonstwie entschädigt oder mit Tod abgegangen waren.

Im Gau Volkfeld erscheint längere Zeit ein Graf Thietmar: es geht dieß aus Urkunden der Jahre 1007 und 1008 hervor¹), in denen der König Schenkungen an das von ihm neu begründete Bisthum Bamberg machte. Ja es scheint sogar, als ob Markgraf Heinrich die Grafschaft im Volkfeld auf immer verloren habe. Die Grafschaft im Nordgau erhielt ein Graf Berengar, jedoch nur auf kurze Zeit. Denn bereits im Jahre 1007 tritt Heinrich wieder urkundlich als Graf im Nordgau auf. Die Mark auf dem Nordgau dagegen erhielt Heinrich bei seiner Entlassung aus der Haft sogleich zurück.

Aber immerhin war die Macht des Markgrafen Heinrich beschränkt. Nicht allein, daß er die Grafschaft im Volkfeld eingebüßt hatte: durch die Gründung des Bisthums Bamberg, das so bedeutende Schenkungen im Volkfeld und Nordgau erhielt, wurde der Machterweiterung des Markgrafen ein Ziel gesteckt: Heinrichs Macht konnte nicht mehr

---

¹) Mon. Boic. XXVIII 3. 6. Mai 1007; 1. Nov. 1007; 6. Juli 1008; 2. Juli 1009; 1. Juni 1010; 2. Juli 1011.

gefährlich werden, seitdem ihr in dem neuen Bisthum ein so bedeutendes Gegengewicht gesetzt worden war.

Für die Zukunft bewies Markgraf Heinrich, sowie sein Vetter Ernst, unverbrüchliche Treue gegen den König. Solche Treue ließ der König nicht unbelohnt. Wenn auch die Gunst desselben dem Markgrafen Heinrich nicht unmittelbar zu Theil wurde, so erreichte doch die Macht des babenbergischen Geschlechtes unter Heinrich II. eine solche Höhe, wie sie es zuvor nicht einmal zu wünschen gewagt hatte.

Eben jenen Ernst, der mit Heinrich im Bunde gegen den König sich verschworen hatte, band Heinrich II. enger an sich, indem er demselben das durch den Tod Hermanns II. erledigte Herzogthum Schwaben übertrug [1]. Durch seine Gemahlin Gisela, die Schwester des letzten Herzogs, war Ernst in den Besitz bedeutender Eigengüter in Schwaben. Ein anderer Sohn des Markgrafen Liutpold, Poppo, erhielt im Jahre 1016 vom Kaiser das Erzbisthum Trier.

Zu nie geahnter Höhe war das babenbergische Geschlecht, dessen Glieder noch vor kurzem im Widerspruche mit Heinrich II. sich befunden hatten, emporstiegen: einen großen Theil von Baiern hatte es inne: die Mark Oesterreich, den Nordgau mit der Markgrafschaft daselbst; in Franken besaß es bedeutende Eigengüter: Schweinfurt war der Hauptsitz der Markgrafen auf dem Nordgau; an den Nordgau schloß sich das Herzogthum Schwaben an; auf einem der ersten Bischoffsitze Deutschlands saß ein Babenberger.

Die weitere Geschichte des Markgrafen Heinrich kann mit wenigen Worten abgeschlossen werden. Besonders ist

---

[1] Ann. August. z. J. 1012: Herimannus, dux Alamanniae moritur, et pro eo Ernest dux efficitur.

ein Ereigniß zu bemerken, mit dem der Tod seines Oheims, des Markgrafen Liutpold von Oestreich in Verbindung steht¹).

Im Jahre 994 nahm Heinrich einen Vasallen des Bischofs von Wirzburg, Ewerker, wegen verschiedener Beleidigungen, die dieser ihm zugefügt hatte, gefangen und ließ ihn blenden. Der Bischof beschwerte sich deßhalb bei dem Kaiser, und dieser bestrafte den Markgrafen mit Verbannung. Später begnadigte ihn der Kaiser und söhnte ihn mit dem Bischof aus. Dieser lud darauf den Markgrafen Heinrich nebst seinem Oheim Liutpold auf den 8. Juli zur Kiliansmesse zu sich ein und bewirthete beide. Als nun Markgraf Liutpold in der Nacht des 8. Juli nach der Frühmesse mit seinen Rittern sich mit Kampfspielen erlustigte, traf ihn ein Pfeil von einem Freunde des Geblendeten, sei es, daß dieser den Markgrafen Liutpold mit seinem Neffen Heinrich verwechselte, oder daß er Liutpold für mitschuldig an der Blendung des Ewerker hielt. Liutpold verschied in Folge dieses Pfeilschusses am 10. Juli 994.

Die letzte Zeit des Markgrafen Heinrich scheint nicht mehr thatenreich gewesen zu sein. Lange Zeit war er von einem Siechthum heimgesucht, dem er im Jahre 1017 erlag²). Er wurde von drei Bischöfen, Heinrich von Wirzburg, Eber-

---

¹) Thietmar IV., 14.
²) Am 18. Sept. Annal. Saxo z. J. 1017: Marchio Heinricus, longa aegritudine vexatus, 14. Kal. Octobr., Orientalium Francorum decus, obiit et in Suinvorde civitate sua, in septentrionali parte monasterii sepelitur. — Thietmar, VII, 46: Interim marchio Heinricus, amitae meinet filius, longa egrotacione vexatus, 14. Kal. Oct., Orientalium decus Francorum, obiit et in septentrionali parte monasterii in Suinvordi civitate sua positus, ab episcopis tribus, Heinrico, Evurhardo et venerabili Riculfo, extra ecclesiam, ut ipse petiit, juxta januam sepultus est. Hoc cesar in Misni comperiens, multum doluit.

hard von Bamberg und Rikulf von Trieft seinem Wunsche gemäß in dem Kloster in seiner Stadt Schweinfurt bestattet. Wie allgemein geachtet er war, und wie ihn besonders der Kaiser schätzte, beweist das Zeugniß seines Vetters, des Thietmar von Merseburg, der Kaiser habe über diesen Todesfall sehr getrauert. Als Zierde der Franken wird er bei Thietmar sowohl, wie auch bei andern Chroniken bezeichnet¹).

3. Markgraf Otto von Schweinfurt.

Markgraf Heinrich hinterließ von seiner Gemahlin Gerberge, die eine Tochter des Herzogs Hermann von Schwaben gewesen zu sein scheint, zwei Töchter und einen Sohn²). Die eine Tochter, die von ihrer Großmutter den Namen Eilika führte, war mit Bernhard II., Herzog von Sachsen vermählt³). Die andere Tochter Judith entführte der Herzog Bretislav von Böhmen, da er bei offener Werbung als Slave von dem Deutschen sie nicht zu erhalten glaubte, aus dem Kloster zu Schweinfurt, wo sie erzogen wurde, und machte sie zu seiner Gemahlin⁴). Ein freudiges Leben führte Judith, so lange ihr Gemahl lebte. Als aber nach dem Tode desselben sein ältester Sohn Spitignaus das Herzogthum Böhmen erhielt, mußte sie von ihrem Sohne, der von

---

¹) Thietmar, l. c. Decus Orientalium Francorum. Annal. Saxo, l. c. Orientalium Francorum decus. Ann. Quedlinburg. gestis. j. J. 1016: Heinricus comes bonae memoriae obiit.
²) Gensler gibt dem Markgrafen Heinrich noch einen Sohn, Namens Heinrich.
³) Annal. Saxo z. J. 1059.
⁴) Annal. Saxo z. J. 1021.

einem unbegränzten Haß gegen die Deutschen entflammt war, vertrieben das Land verlassen. Sie begab sich nach Ungarn zu dem Könige Peter und heirathete diesen. Sie starb daselbst am 2. August 1058 ¹). Ihr Leichnam wurde dann später von ihrem Sohne Wratislav nach Böhmen zurückgebracht und zu Prag an der Seite ihres Gemahls beigesetzt.

Otto folgte seinem Vater in der Markgrafschaft und der Grafschaft des Nordgau's. Er führt gewöhnlich den Beinamen „von Schweinfurt", nach dem Hauptsitze seines Geschlechts, der Stadt Schweinfurt so genannt ²). Daselbst hielt er sich wohl am meisten auf, auch dann noch, als er das Herzogthum Schwaben erhalten hatte.

Eine größere Macht, als sein Vater und Großvater besessen hatte, vereinigte Otto in seiner Hand. War auch das Volkfeld, das sein Großvater Berchtold und sein Vater Heinrich besessen hatten, durch die Empörung des letzteren verloren gegangen, so erhielt er dagegen später das Herzogthum Schwaben. Das Ziel, dem sein Vater durch Empörung gegen den König zugestrebt hatte, erreichte Otto durch engen Anschluß an das königliche Haus: zwar nicht das Herzogthum Baiern, aber doch ein anderes nicht minder bedeutendes, das Herzogthum Schwaben erhielt er.

Vorher hatte er Heinrich III. wichtige Dienste geleistet in seiner Eigenschaft als Markgraf gegen Böhmen. Herzog Bretislav von Böhmen hatte nach dem Tode des Kaisers Konrad II. auf Polen, das in einem Abhängigkeitsverhält-

---

¹) Annal. Saxo z. J. 1058.

²) Bei dem Annal. Saxo an mehreren Orten: Otto marchio de Suinvorde oder Otto de Suinvorde dux Suevorum. Auch in einer Urkunde, die Lang in den Reg. Boic. in das Jahr 1049 verlegt: Otto dux Sueviae de Suinvurt.

rüste zum deutschen Reiche sich befand, einen Angriff gemacht und dasselbe in kurzer Zeit erobert. Um sich Genugthuung für die Verletzung der Rechte des deutschen Reiches an Polen zu verschaffen, begab sich Heinrich III. im Sommer des Jahres 1040 nach Regensburg und traf hier Anstalten zu einem Zuge gegen Bretislav ¹). Von zwei Seiten ließ der König Böhmen angreifen. Die Thüringer sollten unter der Anführung des Markgrafen Ekkard von Meißen von Norden her einfallen, mit dem Heerbann der Baiern und Franken wollte der König selbst mit dem Markgrafen Otto von Schweinfurt durch die Mark auf dem Nordgau in Böhmen eindringen. Bei der Stadt Cham ²) zog der König am 15. August sein Heer zusammen und rückte von da in Böhmen ein. Mit Verhauen hatte Bretislav den ohnehin schwierigen Zugang in sein Land gesperrt, und hinter diesen wehrten starke Besatzungen dem Könige den Eingang. Dieser schickte nun den Markgrafen Otto mit einer Schaar Baiern durch waldige und unwegsame Gegenden, um den Feinde in den Rücken zu fallen. Die Leute des Königs konnten die Zeit, bis Otto im Rücken des Feindes angekommen war, nicht erwarten, griffen die Verschanzungen der Böhmen an, erlagen aber fast Alle den Pfeilen derselben. Als Markgraf Otto von Schweinfurt Tags darauf im Rücken der Feinde angekommen war, und dieselben in ihrer Verschanzung angreifen wollte, hatte er ein ähnliches Schicksal, wie Tags zuvor die Leute des Königs. Die Grafen Gebhard, Wolfram und Thietmar mit dem größten Theil der Baiern fielen, und nur mit Mühe gelang es dem Markgrafen mit dem kleinen Reste seiner Schaar zum Könige zurückzukommen.

---

¹) Annal. Saxo z. J. 1040.
²) Cham war eine Stadt in der Mark auf dem Nordgau.

Der unglückliche Ausgang dieses Unternehmens ist nicht etwa der Untüchtigkeit des Markgrafen Otto zuzuschreiben. Die Leute in der Umgebung des Königs, die allzu voreilig den Angriff auf die Feinde machten, ehe Otto sie mit einem gleichzeitigen Angriff im Rücken derselben unterstützen konnte, trugen lediglich die Schuld an diesem Unfall.

Der König gab es für jetzt auf, den Kampf mit Bretislav fortzusetzen und zog sich aus Böhmen zurück. Im darauffolgenden Jahre aber unternahm Heinrich III. einen Rachezug gegen Bretislav, der von so günstigem Erfolg begleitet war, daß Bretislav sich unbedingt unterwerfen, auf Polen Verzicht leisten und selbst Böhmen aus der Hand des Königs als Lehen annehmen mußte.

Ob bei diesem zweiten Zuge Markgraf Otto wieder an der Seite des Königs den bairischen und fränkischen Heerbann führte, ist nicht zu ermitteln. Bei dem ersten Zuge führte Otto den Heerbann der Baiern, da das Herzogthum selbst noch erledigt war und unmittelbar unter dem Könige stand.

So wenig, sehen wir, schwankte Otto in seiner Treue gegen den König, daß er mit demselben gegen seinen Schwager zieht und alle Demüthigungen über denselben kommen läßt. Es kann deßhalb nicht verwundern, daß Heinrich III., als i. J. 1047 durch den Tod des Herzogs Otto das Herzogthum Schwaben erledigt war, dasselbe einem ihm ergebenen Manne, wie Markgraf Otto war, anvertraute.

Nachdem nämlich der Kaiser das Weihnachtsfest in Sachsen gefeiert hatte, begab er sich nach Schwaben, ordnete die Verhältnisse dieses Landes auf einem Reichstage zu Ulm, und belehnte hier den Markgrafen Otto von Schweinfurt mit der herzoglichen Fahne von Schwaben [1]). Otto verweilte

---

[1]) Lambert Hersf. z. J. 1048.

aber nicht daselbst, sondern er befand sich entweder in der Umgebung des Kaisers oder auf seiner Burg zu Schweinfurt.

Nirgendwo mehr finden wir den Herzog Otto von Schweinfurt mehr thätig, weder als Herzog von Schwaben, noch als Markgraf auf dem Nordgau. Das letztere war jetzt auch nicht mehr möglich. Denn seit Herzog Bretislaw auf dem Reichstage zu Regensburg 1041 dem Könige sich unterworfen und hier günstigere Bedingungen, als früher in Prag erhalten hatte — wahrscheinlich durch die Vermittlung seines Schwagers des Markgrafen Otto — war Böhmen in den Reichsverband aufgenommen, und das salische Kaisergeschlecht hatte keine treueren Vasallen, als gerade den Herzog Bretislaw und seine Nachfolger. Die Mark auf dem Nordgau hatte ihre frühere Bedeutung verloren.

Hatte Otto durch die Verleihung des Herzogthums Schwaben eine bedeutende Machterhöhung gewonnen, so war er dagegen auf einer andern Seite wieder beschränkt worden. Denn neben Otto finden wir im Nordgau noch einen andern Grafen, Heinrich, den Gensler in seiner Geschichte des Grabfeldes für einen Bruder des Markgrafen Otto von Schweinfurt hält, als habe also nach dem Tode des Markgrafen Heinrich die Grafschaft im Nordgau eine Theilung unter seine zwei Söhne erlitten. Dafür, daß Markgraf Heinrich außer Otto noch einen Sohn, Namens Heinrich, gehabt habe, habe ich keinen Beleg finden können. Dagegen ist richtig, daß Otto nicht die Grafschaft des ganzen Nordgau's verwaltet hat. Es hat vielmehr eine Theilung derselben Statt gefunden; ja es scheint sogar, als habe Otto von Schweinfurt mit der Verleihung des Herzogthums Schwaben die Grafschaft im Nordgau verloren. Während nämlich vorher Otto als Graf im Nordgau neben dem Grafen Heinrich vorkommt, erscheint von der Zeit an, wo Otto mit Schwaben belehnt wurde, Heinrich allein als Graf im Nordgau.

Otto war mit der Tochter des Markgrafen Meginfried von Susa, Irmengard, vermählt. Vorher hatte er sich mit Mathilde [1]), der Tochter des Herzogs Boleslaw von Polen verlobt. Aber eine Synode zu Tribur [2]) 1036 unter dem Vorsitze des Kaisers zwang Otto, einem Ehebündnisse mit Mathilde zu entsagen, wie es scheint, mehr politischer als verwandtschaftlicher Verhältnisse wegen.

Mit Irmengard zeugte Otto von Schweinfurt fünf Töchter: Eilika, Judith, Beatrix, Gisela und Bertha [3]).

Eilika war Aebtissin im Kloster Niedermünster in Regensburg. Judith war an den Herzog Konrad von Baiern verheirathet, nach dessen Tode an einen Edlen, Namens Bobo. Gisela vermählte sich mit dem Grafen Wichmann von Seeburg, Bertha mit einem bairischen Grafen, der sich von seiner Burg „von Habsberg" nannte [4]). Wen Beatrix geheirathet habe berichtet uns der sächsische Annalist nicht, während er die Schicksale der übrigen Töchter Otto's genau erzählt. Der Name des ersten Gemahls der Beatrix ist ausgefallen. Er war Markgraf, und Moritz hält ihn für den Heinrich von Schweinfurt [5]). Zweifelhaft erscheint es: ob dieser Heinrich von Schweinfurt schon vor seiner Heirath mit Beatrix den Titel „Marchio" geführt hat; aber gewiß ist, daß Beatrix ihren Gemahl Schweinfurt als Mitgift zubrachte, wovon dann der Markgraf Heinrich seinen Namen

---

[1]) Pfingsten 1035 zu Bamberg.
[2]) Annal. Saxo z. J. 1035 und 1036 u. Annal. Hildesh. zum z. J. 1035 u. 1036.
[3]) Annal. Saxo z. J. 1036.
[4]) Annal. Saxo z. J. 1036; Havekesberh, d. i. Habsberg in der Nähe von Kastel im Nordgau. Vgl. Moritz, Gesch. der Grafen von Sulzbach II, 13. Pfeffel dagegen in der erwähnten Abhandlung hält Havekesberh für Habenesberg d. i. Überberg.
[5]) Moritz, Gesch. d. Grafen von Sulzbach. II, 133.

führte. Mir scheint es, als ob Heinrich von Schweinfurt auch die Würde eines „marchio" durch seine Gemahlin von dem Markgrafen Otto ererbt habe. In der einen Markgrafschaft auf dem Nordgau, wie sie Markgraf Otto und seine Ahnen besessen hatten sehen wir nach dem Tode Otto's mehrere Markgrafen auftreten [1]: es erscheinen da urkundlich Markgrafen von Bohburg, Cham, Naburg: sie hatten ihre Würde, sowie Eigen- und Lehengüter von Otto von Schweinfurt durch dessen Töchter ererbt.

Mit dem Tode des Markgrafen Otto [2] erlosch die eine Linie der Babenberger, die den Markgrafen Berchtold zum Ahnherrn hatte, im Mannsstamme, während die andere Linie, die Liutpolds, gerade zu neuem kräftigen Leben gedieh und die Linie Berchtolds um zweihundert Jahre überlebte. Durch Otto's Tod wurden zugleich zwei Würden erlediget, die eines Herzogs von Schwaben und die eines Markgrafen auf dem Nordgau. Das Herzogthum Schwaben erhielt Graf Rudolf von Rheinfelden. Die Markgrafschaft auf dem Nordgau wurde nicht weiter verliehen. Eine strengere Aufsicht an den Gränzen war seit der Unterwerfung Bretislaw's und der Aufnahme Böhmens in den Reichsverband nicht mehr nöthig. Dagegen nahmen Schwiegersöhne Otto's zugleich mit den Eigen- und Lehengütern den Titel eines „marchio" an. Bereits zu Otto's Zeiten war die Bezeichnung „marchio" ein leerer Titel, ohne jede weitere Bedeutung. Je nach ihren Stammgütern nennen sie sich Markgrafen von Bohburg, Cham, Naburg. Weiter die Geschichte der verschiedenen Geschlechter zu berücksichtigen, die sich in den Besitz der Mark gesetzt haben, liegt nicht in meiner Absicht.

---

[1] Mon. Boic. XXIX, Nro. 400: in marchia Napurg. Ried, cod. diplom. Ratispon. p. 152: in marca, quae vocatur Nabburg.

[2] Er starb am 28. Sept. 1057 zu Schweinfurt und wurde daselbst an der Seite seiner Eltern beigesetzt.